藏書

珍藏版

周易全書

赵文博 主编

柒

辽海出版社

目 录

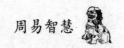

随丈夫行事，势在必得

原文：系丈夫，失小子。随有求得，利居贞。

释义：随从阳刚方正的丈夫行事，则必然丢失年轻小子。随从于丈夫，有求必得，有利于安居乐业，坚守妇道，贞节处世。

释例：一位年轻的工程师想请三天假去陪家人郊游，但他的领导者没有批准，因为部门最近的工作很紧，工人们每天都要加班，连星期六也不能休息。

有一天，这位保持最高迟到记录的工程师又晚到了30分钟。领导十分生气，并警告他："如果你再迟到一次，我将让你停职三天并扣除工资。"你猜第二天谁迟到了？还是这位工程师！那位工程师听到这一警告，为这一难得的机会而沾沾自喜。他终于可以实现自己郊游的愿望了。于是第二天，他故意去得很晚。如其所料，他被停工三天，扣除三天工资。但他可以出去与家人一起郊游了，满足了自己的需求。

那位领导也自以为做得正确，他"正确"地维护了管理制度，但部门的工作还是无法按时完成。

以上事例中的领导按常规办事的做法，造成了惩罚行为与惩罚效果的严重脱节。因此，这位领导者打的这一巴掌还是没有打到实处，反而正中那位工程师的下怀。

奖励也是一样，有时造成奖励行为与奖励目的的脱节。一般来说，你奖励什么行为，将会得到更多这种行为。因此虽说赞扬与抚慰应该是经常性的行为，但也应注意不要奖励所不该奖的。如果那样，你将不会得到你所希望的东西，而是得到你所奖励的东西。譬如你不慎奖励了一个人，是他的投机取巧的工作瞒过了你的眼睛，那么这种投机取巧行为将被你纵容滋长起来。

"随时"者昌，"随人"者亡

原文：大亨贞无咎，而天下随时。

释义："随时变通"，语出《周易·随卦》卦辞。卦辞说："大亨贞无咎，而天下随时。"顺时以动，人必随之，动皆走正道，故上下悦从，这说明大亨通，也会发生错误，要"大亨通无咎"，则必准之于理，随时变通。理在于上之随下，则随其下；理在于下之随上，则随其上；理在于泰，则随其时之泰；理在于否，则随其时之否，总之，要随其时之所宜而变通。

释例：赵子龙随从刘玄德的道理很简单："良禽择木而栖，良臣择主而事"。自古以来，随人就是跟人。但是究竟跟什么样的人才能成就大业，这就颇费踌躇，需要有所抉择。《随》卦六三："系丈夫，失小子"，或者不失为一种正当的抉择。《随》卦又说大丈夫为人所随，假如真想当好一个成功的领导者，胸中就应该深怀"四德"：以善为先导是"元"德；畅通礼法是"亨"德；以义相和是"利"德；行正无邪是"贞"德。

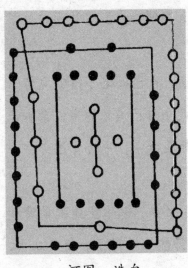

河图，选自
元·保巴《易源奥义》

关、张、赵、马、黄随从刘玄德，那么刘玄德又随从谁呢？按照《随》卦的说法，不论谁随谁，只要是人相随，一概必须服从另一个不可逾越的原则："天下随时。"那就是说"随时"高于"随人"，为人所随的人应当

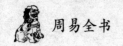

"随时"。"随时"高于一切！肩负重任，被天下共随的人，无论如何不可以不随时。只有随其时，才能以其昭昭使人昭昭。所以《象传》才意味深长地说："随时之义大矣哉！"

随时者生，随人者死！

随人者必然会迷失自己。

小和尚想跟老和尚学书法，老和尚说，从"我"字练起吧，并给小和尚提供了几个前辈和名家们的"我"字帖。

小和尚练了一个上午的"我"字之后，拣自己比较满意的一个"我"字，拿去让师傅指点。老和尚斜乜了一眼说：太潦草了，接着练。

小和尚接着练了一个星期，自己也记不清究竟练了多少个"我"字了。便又拣几个自己满意的字，拿去让师傅看。老和尚随手翻了翻那几个字，一边背过身去一边轻声说：太漂浮了，接着练。

小和尚存住气，接着练了半年，基本上能把前辈和名家们的几个"我"字临摹得惟妙惟肖了。便又拿去，请教师傅。老和尚静静地看了一阵那几个字，拍拍小和尚的肩膀说：有长进，有出息，不过，还得接着练，因为你还没掌握"我"字的要领。

受到承认和鼓励之后，小和尚终于静下心来，揣摩着师傅的开导，一遍遍、一天天地练下去。半年之后，小和尚又来找师傅了。这次他只拿来惟一的一个"我"字，不过，这个"我"字再不是泛写和临摹了，每个笔画都是异样的一种新写法。很显然，小和尚熟能生巧地练就、独创了一种书法新体。

老和尚终于满意地笑了，他意味深长地对小和尚说：你终于写出自己的"我"、找到"自我"了。

好雨是知时节的雨，好人是知时适世以为务的人。——"识时务者为俊杰"。"时"生"务"，不知"时"则不知"务"。俊杰所识者，首当以"时"，因其"时"而务其"务"。若"务"不以"时"，碌碌无为，误入歧途。

《干》卦《大象传》说："天行健，君子以自强不息。"那么君子怎样才能做到"自强不息"呢？《干·文言》："终日干干，与时偕行"一语最为典要。康有为《论语注》释"学而时习之"言之凿凿，心有独到："《白虎通》曰：'学者，觉也。……先觉觉后觉，后觉效先觉，……但时势不同，则所学亦异。时当乱世，则

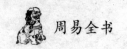

为乱世学；时当升平太平，则为升平太平之学。礼时为大，故学亦必随时而后适。'"

《周易》认为，你有了，也就意味着你无；如果你无，也许意味着你有。

这样饶舌的说法，让人云里雾里，摸不清底细。但举一个例子，你兴许会明白。

比方说，你已经有了一块手表，就意味着你也许不会再拥有更好的手表了。因为你已经有了，不再留意，不再争取，所以就"没有"了，只剩原来的这一块。如果我现在没有手表，也许我明天会有一块比现在好多人戴的还要好的手表。因为我没有，我会争取，所以我会"有"。

我把这个道理向一个年轻人说过。他十分高兴，对我说：那我现在没有女朋友还是好事一桩，用不着愁眉苦脸。我说：是呵，你现在没有女朋友，意味着你有在众多女孩子中间选择的权利；如果你已经有了，你就没有了这种权利。

基于这认识，那么，你"有"了，你又有什么值得骄傲和自豪的呢？你"没有"，你又有什么值得自卑的呢？

况且，你有了，如果你稍稍疏忽，你就会变成了没有。"大意失荆州"已经是一个历史的证明。所以世上才有"创业难，守业更难"的说法。

如果你还没有，那并不可怕，只要你真诚的去追求，去拼搏，总有一天，你会拥有。可怕的是，你没有，你又没有真诚去拥抱，那你真是什么都没有了！

弄通了这一点，我们做人做事就不会那么浮躁和急躁了。急有什么用呢？只能徒添烦恼，于事无补。

我们怎么才做得"有"呢？

《周易》告诉我们，因应时势。

你早起，你会拥有朝阳；你晚睡，你会拥有月亮。

需要等待的时候，你要等待。《周易》的《序卦》中说："需者，饮食之道。"需，原来是指还幼小，需要养护。也就是说，时机还未成熟，力量还未足够，只有等待。等待需要时日，也就要饮食。有时候，吃饭比急着干事好。如果你留意生活的时候，你会听到一位老者对一位年轻人说："急什么呢？先吃饭。吃完饭再说。"这就是最形象的等机会，去争取成功。大成者也就是"有"了。

有时候，为了"有"，就要断然冒险。明知不可为

而为之，那叫冒险。我们年纪小小的时候，都读过《董存瑞炸碉堡》的文章。对于个人来说，这个险是断然冒不得的，代价太大了。但对于事业，对于更多人的生命来说，冒这个险是值得的。这是有无的转换。小无大有。

《周易》里有一个击缶而歌的场面甚是悲壮。说一个老者面对黄昏敲着陶而歌唱：我从哪里来，就回归到哪里去。

你曾经拥有过，到最终你就会没有。——这是人生的法则。

人生是一个有有无无的过程。即使你有了，你又有什么值得骄傲？即使你没有，你又有什么值得自卑？

有就要倍加珍惜。没有就要真诚拥抱。

也是如此而已。

鲁国一家姓施的有两个儿子，其中一个学文，一个学武。

学文的儿子用自己的道理，打动了齐侯。齐侯挽留他担任了教导诸公子的太傅。学武的儿子到了楚国，向楚王讲述了自己的韬略，楚王高兴地请他留下协理军政。

施家二子功成名就，以致全家富贵，九族荣耀。

他们的邻居孟家，也有两个儿子，也分别习文就武，但却一直穷困潦倒。

孟家很羡慕施家的富有，就登门请教进升的方法。施家二子如实相告。于是，孟家学文的儿子跑到秦国，向秦王鼓吹仁义。不料，秦王听了很生气，说："如今诸侯称霸，武力相争，我们应该致力于耕战。如果用你的那套仁义治理我们国家，就会走上灭亡的道路。"说罢，下令将他处以宫刑，赶出秦国。

另一个学武的儿子投奔卫国，向卫侯大谈强兵之道。卫侯很反感，气恼地说："我们是弱小国家，又处在几个大国之间。对大国，我们恭顺礼貌：对小国，我们爱护帮助。这才是保持和平，求得安全的正确策略。如果照你听说的，去兴兵动武，很快就会灭亡。今天如果让你全躯而归，跑到其它国家，蛊惑人心，穷兵黩武，一定会给我们造成很大的危害。"于是，下令剁掉他的足，捧回鲁国。

孟家二子回到家里，父子三人一起来到施家，拍着胸膛责骂。

施家问明情况，感慨地说："凡识时务的人，就能

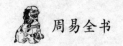

一帆风顺；反之，不识时务，就要惨遭失败。您儿子学的和我们一样，而结果却和我们相反，就是因为他们不识时务，并非做法有什么错误啊！"

有时你并不知你的路改如何走，但你至少有感觉你内心的向往，或者你会有经常重复的梦吧。从你成熟的那一天开始，你所求的不在是受别人的限制，对别人的依附。你所求的是自我的认识和实现，我是谁，我是什么，我做了和得到了什么。别人只是帮你认识你自己的媒介。你的价值是通过别人实现，而非通过和别人比较而体现的。

窥视内心，以身作则

原文：观我生，君子无咎。

释义：对照高尚的道德标准省察自己的言行，不断地完善自己，君子就不会有祸患。

释例：我们社交处世全在于以身作则。在每个工作日（甚至包括休息日）的每时每刻，人们都在观察身边的人。这构成了周围的人判断依据。

在交往活动中，每一名相关人员的一言一行，往往代表着一个国家、一个民族、一个地区、一个城市的形象，若是对自我形象毫不修饰，不但难言对交往对象的尊重，而且亦属失礼行为。所以我们不论是领导干部还是接待人员在公务活动中，都应时时刻刻注重个人言谈举止、服饰仪容，不可蓬头垢面、不修边幅。

人们的行为举止，包括他穿的衣服和如何穿着，包括他的发型和指甲修剪，也包括他们说的每句话，以及是否使用拉格菲尔德香水，或是否有狐臭。人们的行为举止还包括居室的格调，以及如何回答电话（不同的回答，如"我是杰基·琼斯"，或"是我"或"是琼斯"，可以透露许多东西）；另外，还包括他的待人接物，即他是否表现得过份粗鲁或者礼貌过度。

行为包括人们所做的每一件事。成就源自行为。

风度可看作是人在社交活动中所有的言行举止的总和，包括精神状态、待人态度、礼节仪表、言谈举止等等。这些因素制约着你在交往对象心目中的形象，也影响着对方以什么样的方式对你做出反应。

在人际交往中，人们常常用"气质很好"这句模糊其意的话来评价对某个人的总体印象，似乎正是其模糊性才体现的较高的概括力。然而，一旦要把这个具体的

11

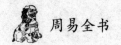

感觉用抽象的概念作解释，就变得难以表达了，大有"可意会而不可言传"的味道。

如果说气质源于陶冶，那么风度则可以借助于技术因素，或者说有时是可以操作的。风度总是伴随着礼仪，一个有风度的人，必定谙知礼仪的重要，既彬彬有礼，又落落大方，顺乎自然，合乎人情——这便是现代人的潇洒风度。

有人说："高雅的风度是通向朋友心灵的畅通无阻的护照"。风度是社交活动中给人印象深刻的内在潜质的综合反映。风度是一个人的姿态举止、言谈、作风等表现出来的美。这种美既是一种外在美，又是一个人内心美的自然流露，也就是内在美和外在美的和谐统一。正如屈原所说："给吾既此内在美兮，又重之以修能。"

举止风度所展现出来的性格魅力是令人为之折服的，这在很大程度上还与人本身内在的个性化的东西有关。举止魅力产生凝聚力，往往会感染他人。一个有风度有性格魅力的人，就会在团队中激发出一种力量，这种力量将会超越一切，将为优秀的你锦上添花。

知道麦卡夫是谁吗？提起卡麦夫，也许你会问："麦卡夫是谁?"

他就是以太网之父、3Com 创始人、一位广受欢迎的专栏作家、一位见多识广的博学者，还是业内著名的会议主办人。这些头衔和成就都集中在他身上。有人评价麦卡夫是一口汇集魅力的大锅炉。他坚忍不拔，举止风度翩翩，具有极强的说服力，也知道如何倾听别人，善于鼓动，却又能避免过多树敌。正是这些才能使他自己发明的以太网最终成为网络标准（如今连接有 1 亿多台电脑），也使麦卡夫挣到了他的第一个 100 万美元，办起了 3Com 公司。可见这口有魅力的"大锅炉"散发出来的影响力是多么巨大。成功人士在举止风度上注重表现自己的魅力，从而彰显其个性特征。这也是他们容易成功的因素之一。

可见，许多成功人士之所以能够成功，除了努力、奋斗、智能、机遇等重要因素外，还需有自身的性格魅力和独特的个性做基石，他的举止风度所展现的效果会非同寻常。在一个团队中，要想稳坐如山，呼风唤雨，让领导和下属为之钦佩和叹服，你的举止风度的展现尤为重要。

因此，我们既要重视化妆、服饰与姿态的美，更要看重内在的修养，何况外在仪表本身就渗透着个人内在

的修养。要想在社交场合风度翩翩，应从根本做起：

1.1 洒脱的仪表，周到的礼节。

仪表和礼节是人初次见面所要接收的信息，第一次印象就从这里产生。一个人神貌端庄，俊逸潇洒，就能使人产生乐意接近的魅力。这种魅力不仅来自相貌和服装，而且来自人的气质。风度的培养是人内在气质的展现。气质不佳者，难有好的风度。内在气质的优化是靠平时修养、陶冶而成，因而它会不经意地显露出风度。

《世说新语》记载：曹操个子较矮，一次匈奴来使，应由曹操接见，可是曹操怕使者见自己矮而看不起，于是请大臣崔琰冒充自己，曹操则持刀扮成卫士站在崔琰的旁边观察使者。崔琰"眉目疏朗，须长四尺，甚有威重"。接见后，曹操派人去探听使者的反应，使者说："魏王雅望非常，然床头提刀者，此乃英雄也。"曹操具有高度的政治、军事、文化素养，养成了封建时代的政治家特有的气质，因此他的风度并不因他身材矮小而受到影响，也不因他扮成地位低下的卫士而被掩盖。

而周到适宜的礼节，是人的内在品质的流露。得体的礼仪则使得交际可以顺畅地进行，你敬重别人，别人也敬重你。一个良好的开端是成功的一半，如果第一印象好，那么以后就感到情感的距离近多了。

2.1 饱满的精神状态。

一个人神采奕奕，精力充沛，显得自信和富有活力，才能较好地激发对方的交际热情。如果无精打采，有气无力，会使人家感到你并不乐于交际，觉得兴味索然。即使你有交际的诚意，对方也难以理解，因为你言行不一。

3.1 诚恳的对人态度。

对人应当诚恳而坦率。对人不应居高临下或卑躬屈膝，这都是不应该的或不必要的。言谈之时也可看出态度之诚恳与否。切忌支支吾吾，言语和表情自相矛盾。比较恰当而中肯的待人态度是端庄而不矜持冷漠，谦逊而不矫饰伪作。

不过，社交虽应注重诚实的原则，但也不必看得过死，只要不是损人利己，能达到社交的目的，不妨可以"不诚恳"一点。灵活机动处理问题比一味追求诚实效果要好。

4.1 适当的表情动作。

人的体态和面部表情，是沟通人际关系的非语言交际形式。也是社交风度的具体表现方式。从体态来说，

上身倾向于对方，表示兴趣与热情，也显得谦恭有礼；身体后仰，显得坦然随便，但有时会显得过于傲慢；侧转身子，表示嫌恶与蔑视；背朝对方则很不礼貌，意味着不理不睬了。在面部表情上，自自然然微笑，是友好热情的表示；如果肌肉紧绷，面若冰霜，不是心有敌意，就是过分拘谨，因此别人就不易接近了。

在说话语调上，语气应柔和自然，诚恳友善，切忌阴阳怪气，冷嘲热讽。当然也要掌握好谈话时阳刚与阴柔的分寸。朴实大方，温文尔雅的行为，能正确地表达你的愿望，粗俗不雅观的动作使人讨厌，给人留下很不好的印象，也根本谈不上有什么风度。

总之，高雅的言谈举止，是社交中必须具备的素质和修养。每个人的风度不可能是千篇一律的，一个人身上优雅的风度到了另一个人身上就不一定合适。所以每个人都应培养适合自己的性格特点的"风度"。正如一位艺术家所言："只有你自己才能识别自己的长处和魅力。它们也许是你的低回浅笑，也许是你的开怀畅谈，也许是你的亲切和蔼。它可能是你对生活乐趣的领悟，也可能是你的沉静安详。不管你那特有的吸引力是什么，它都会因为魅力的技术因素而得到加强。"

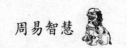

君子三思后立即行

原文：不良之举自我阻止在脚趾欲动之时。

释义：凡事不想一想就行动叫做莽撞，往往会导致后患。但想得太多，瞻前顾后，翻来覆去，则容易陷入犹豫不决的狐疑之中，导致优柔寡断。

释例："三思而后行，谋定而后动"是克服冲动的最佳良药，是古代先贤留下的不朽名言。这两条警句不但应该让那些冲动型的人熟记，而且也应该让所有中国学子都深刻领悟。

三思而后行，思考些什么东西呢？思考的是问题的根源和起因。问题发生后，就需要知道发生问题的根源是什么，导致问题的诱因是什么。只有当这些问题的正确答案都找到后，才能考虑解决的方法。

之所以要三思，是因为问题的发生是很多原因导致的，其背景是复杂的，单凭直觉很难得出正确结论，往往需要一段时间的分析归纳或者调查研究，才能理出头绪。而且也有被人制造假象，提供虚假线索的可能，一不小心就有误入歧途的危险。所以，思维必须要精细慎

密。思考一遍还不够，还需要检查一遍，然后再行动之前还要复查一遍，确保行动万无一失。

三思过以后，在解决问题的方案上，还要再考虑。这就是"谋定而后动"的道理。谋就是计划，方略，是解决问题的方针和策略。只有行动方针确定了，才能采取行动。这种行动方针是经过思考的，而不是那种本能冲动型行动。

谋略思考是为了寻找合适的方案。本能冲动型的人总是只想到一种行动，只考虑解决面上的问题，对后续行动和影响却不考虑。仔细考虑对策后，就有可能既把问题解决，又避免了出现副作用。这样才能使问题得到圆满的解决。

谋定而后动就需要在发生问题时沉着镇静，不急于立即采取行动，而是要静下心来冷静地想一想。心急的人往往会不耐烦地催促赶快采取行动，因为他们总是担心时间紧急，再不采取行动就来不急了。其实，越忙就越容易出差错。如果事先没有考虑好，路子没走对，反而会耽误时间。

所以，中国古代有句俗话，叫"磨刀不误砍柴工"。先把刀磨快了，看起来耽误了工夫，但是在砍的时候由于刀口锋利，所以效率高，反而节省了工夫。也像出门开车，事先把地图看好了，顺着标志一路开去，就可以不绕弯路，节省时间。如果慌忙上路，看起来节省了看地图的时间，但是一旦走错了路，可能就会浪费比看地图长很多倍的时间。

而且，条条大路通罗马，但是肯定有最便当，最短路程的捷径。不可能一条条地找，然后才发现最短的路。如果事先花时间做研究，问清路线，就可以免去在路上摸索的时间，一出发就登上最佳的路线。解决问题也是这样。一个问题可能会有许多解决方案，但是肯定有的方案是不好的，有的方案可以省时省事，还有最佳方案。所以，谋定就是要找到最佳方案。

所以，凡是冲动型的人，一定要认识到自己的莽撞行事往往会带来更多更大的麻烦。要时刻记住"在任何处境下保持从容理性的风度。心存制约；遇事三思；留有余地。"让自己成为有勇有谋的人。

实在没有控制住，发了火了，生了气了，失了态了，怎么办？无它，赶快降温灭火。这还算我的一个好处，我的火来得快去得也快，叫做不黏不滞，叫做日月之蚀，叫做迅雷暴雨之后，仍然是雨过天晴。我完全做

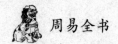

不到无过无咎，但是无论如何也不能将错就错，变本加厉，讳疾忌医，自取灭亡。

凡事不想一想就行动叫做莽撞，往往会导致后患。但想得太多，瞻前顾后，翻来覆去，则容易陷入犹豫不决的狐疑之中，导致优柔寡断。

季文子遇事总要考虑三次以上才行动。孔子听说后说："考虑两次也就可以了。"

凡事不想一想就行动叫做莽撞，往往会导致后患。但想得太多，瞻前顾后，翻来覆去，则容易陷入犹豫不决的狐疑之中，导致优柔寡断。

忧郁的丹麦王子为报叔父的亲父娶母之忧而思虑再三，左右为难，因此而错过了下手的大好机会，结果与敌人同归于尽。"生存还是毁灭？这是一个严重的问题！"这就是莎士比亚笔下著名的"哈姆雷特式的犹豫"。当断不断，反被其乱。！

所以，"三思而后行"不能作为优柔寡断的借口，有时候，有些事，是必须果断处理的，正所谓当断不断，反受其乱。所以，"君子务穷理而贵果断。"（朱熹）既要想清楚，有所思考而后行动，又不要优柔寡断。有人往往把"三思而行"作为孔子的教导，实在是张冠李戴，歪曲了圣人的意思。记住：考虑两次也就可以了啊，不要想得太多。

战国时代，楚国令尹（掌握军政大权的大官）春申君黄歇任职期间，有人劝他及早地把一个实力派人物李园除掉。黄歇犹豫不决，优游寡断，迟迟没有接受劝告，后来反被李园派来的刺客杀死。

从经济学的角度来说，这种封建士大夫之间的争权夺利，没有任何可取之处。但是，《史记》通过这个故事却揭示出一个千古以来一直被人高度重视的谋略——当断不断，反受其乱。遇事"当断不断"，犹豫不决，就会贻误时机，进而"反受其乱"。

历史上，因为当断不断而反受其乱的例子真不少。

比如，三国时期的袁绍集团，虽然曾经谋士如云，战将如雨，但是由于袁绍的"多谋少决"，官渡一战，却败于曹操之手。

"多谋少决"，是缺乏主见，缺少判断能力，不能及时正确地决策的表现，这对一个统帅或决策人物来说，是最致命的弱点。

袁绍手下谋士如云，这是一个极为有利的条件，但一到决策时，众谋士各抒己见，他就失去了主心骨，不

分良莠，不知取舍，优柔寡断。

比如在百马之战中，袁绍听说有一位赤脸长须使大刀的勇将斩了他的大将颜良后大怒，谋士沮授乘机建议他及时除去刘备。

此时袁绍指着刘备说："汝弟斩吾大将，汝必通谋，留尔何用！"说着就要推刘备出去斩首。

刘备从容地说："天下同貌者不少，岂赤面长须之人，即为关某也？明公何不鉴之？"

袁绍听后，马上改变了主意，反而责怪沮授："误听汝言，险杀好人。"遂仍请玄德上账坐，议报颜良之仇。

接着，关羽又杀了大将文丑。

郭图、审配入见袁绍说："今番又是关某杀了文丑，刘备佯推不知。"

袁绍听后大骂："大耳贼！焉敢如此！"命令将刘备拿下斩首。

刘备又辩道："曹操素忌备，今知备在明公处，恐备助公，故特使云长诛杀二将。公知必怒。此借公之手以杀刘备也。愿明公思之。"

袁绍听后，反过来责备郭图、审配等人："玄德之言是也。汝等几使我受害贤之明。"

袁绍两次欲杀刘备，而刘备都化险为夷，从中可看出刘备的机敏和袁绍出尔反尔、多谋少决、谋而不断。

俗话说，机不可失，时不我待。面对良机，应当当机立断，果敢地、及时地作出有利于自我的决策。

温暖互换好人缘

原文：无平不陂，无往不复，艰贞无咎。勿恤其孚，于食有福。

释义：没有平地不变为陡坡的，没有只出去不回来的，处在艰难困苦的环境中坚守正道就没有灾害，不要怕不能取信于人，安心享用自己的俸禄是很有福分的。

释例：大自然的规律，盛极必衰，否极泰来，刚刚是"夕阳无限好"，转眼间"只是近黄昏"。所以经文告诫我们：安泰的局面到达极盛，必然遭遇阻塞。

前进的路途，没有平坦，只有起伏，没有只往不返，只有艰难曲折。所以，必须明白，安泰得来不易，仍需坚守纯正，一本初衷。这样，该得到的自然能得到，该享受的自然能享受。

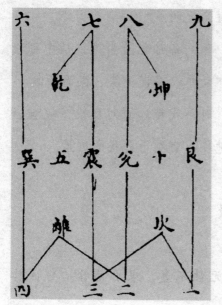

卦数之方图，出自元·吴澄《易传言外翼》

这是智者的一种先见之明，是优秀人士的一种远见卓识。

在伊索寓言中有这样一则故事：太阳和北风打赌，看谁能先让行人把大衣脱去。于是太阳用它温暖的光轻而易举地使人脱下大衣；而北风使劲地吹，反而使行人的大衣裹得更紧。

太阳与北风的故事向我们展示了这样一个道理：对朋友要象太阳那样，用温暖去感化他们，让他们从中体会到温暖；如果一味地强逼压制，这样，会使人感到有一种极强的心理压力。

人与人之间需要以诚相待，要心心相印。要了解一个人的心，并不仅凭读几本心理学教科书就能做到的。

学习心理学固然有必要，那只是纸上谈兵，人们只能从中借鉴一些与人相处的方法。拿着心理学教科书去与人打交道，无论你把对方的心理分析得多么透彻，对方绝不会对你倾吐心语。你也许会问长问短，甚至不惜逢迎，但在对方看来，这一切不过是虚情假意，你们之间有一条极宽的鸿沟。

要做一个人缘好的人，你就要有一个很大的胸怀，人与人相处，总要有一方先打开胸襟，对他人要真诚实意，把自己的热情温暖送到每一个相识的人心坎上，不能做两面三刀的事。如果彼此间等待对方先有所表示，那么别指望会有互相理解、彼此友好的那一天了。

在生活中我们是想做北风呢，还是想做太阳呢？

有容者不妒，一个有包容心的人，能够包容异己，对于不同意我的人，不同的思想、种族、国家、语言行为，都有包容的雅量。对于他人的成就、荣誉、声名也不会嫉妒。乐于随喜他人的成就，不妒不忌，这就是包容者总表现出的涵养。

一个富有的人，可以用金钱财富来将房子打点得富丽堂皇；一个有智能的人，则是以敦品励德，来涵养仪态容貌的庄严。一个人的内心修养，显现在外就成为气质风度，所以说：诚于中，形于外。

英国王室为了招待印度当地居民的首领，在伦敦举行晚宴，身为"皇太子"的温莎公爵主持这次宴会。宴会快要结束时，侍者为每一个客人端来了洗手盘，印度客人看到这个精致的银制器皿，以为是喝的呢，就端起来一饮而尽，作陪的英国贵族目瞪口呆。温莎公爵神色自若，一边与众人说笑，一边也端起自己面前的洗手水，像客人那样"自然而得体"的一饮而尽。接着，大家也纷纷效仿，本来要造成的尴尬与难堪顷刻释放，宴会取得了预期的成功。

纪伯伦说："大智慧是一种大涵养，有涵养的人善于学习，我们从多话的人学到静默，从偏狭的人学到宽容，从残忍的人学到了仁爱。"

在一次庆功宴会上，一位年轻的士兵斟酒时，不慎将酒泼到前民主德国将军乌戴特的秃头上。士兵悚然，全场寂静，人们不禁为这个冒失的士兵担心。没想到，将军拍了拍士兵的肩膀，说："老弟，你以为这种治疗能让头发再生吗？"全场顿时爆发出一阵笑声，尴尬紧张的气氛因此而变得欢快热烈。

乌戴特不愧是化解尴尬、消除矛盾的高手。但在高超技巧的背后，反映出的却是将军令人敬佩的涵养和襟怀。要是换了一个待人苛刻、缺乏容人雅量的人，结果会怎样呢？那个士兵可能就要倒点小霉了。

正所谓"意识支配行动"，一个人的言行反映出的就是这个人的思想境界与心理修维，虽然我并不是一个大奸大恶之人，仅是暴躁的脾气和急噪的性格在作祟，但也足已看出我的素质修养还修炼得不到火候，仍欠缺内功心法的引导啊。在生活中，同样还有很多人都是如此，就是因为一时之气而大骂出口或者大打出手，忍不得一时、吃不得一点亏，遇见无赖就比无赖还无赖，遇见流氓就比流氓还流氓，不论是市井小民，还是高级知识份子全然没了形象。

如若能做到心静如水、泰然处之，心中无气、无怒，也便没有了争辩与争吵。所以，一个人的涵养还应先从思想境界上去提高，当意识上升了，行为也就受到控制了。

或许有人会说自己根本不在乎别人如何看待自己，那么，请问为什么就不能在别人心中留有一个好的形象呢？难道让人厌恶自己给自己带了极大的乐趣吗？但丁虽然说过"走自己的路，让别人说去吧"这句话，可我想他本意并不是要人们去坚持走一条错误的道路，而是鼓励人们坚持真理、坚持美好的人生理想与追求的走下去。如果有人举着彰显自我的牌子，打着标榜个性的牌

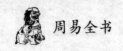
子，依旧我行我素，不知悔改，那便是执迷不悟、无可救药、自甘堕落！

确实做一个有涵养的人不易，但是做一个有涵养的人应是我们给自己做人处事的形象定位，更是我们行事的准则，为了早日实现这一目标，希望大家和我一起从现在做起，时时刻刻提醒自己，从思想上端正态度，从行为上严于律己。若不幸遇上低素质低修养之人，我们更应高姿态面对，不与之争辩争吵，以宽宏大量的心胸，宽容以待，绝不屈尊下骂而尽损了尊严。

语言常是惹祸的根苗

原文：不妄语不妄为。

释义：要把话说得八面玲珑、滴水不漏却不是那么容易。有古训云"祸从口出"，还有那"是非只为多开口，烦恼皆因强出头"。所以，在某些地方说话稍不小心？，即会祸事临头，难怪古人要"三缄其口"了。

释例：说话，我想除了哑巴之外，每个人都会说。张口即来，兴致好时还连比带划，更有那能说会道者自是滔滔不绝，大有"语倒三峡水"之势。然而，要把话说得八面玲珑、滴水不漏却不是那么容易。有古训云"祸从口出",还有那"是非只为多开口,烦恼皆因强出头"。所以,在某些地方说话稍不小心?,即会祸事临头,难怪古人要"三缄其口"了。古时候有一个人很爱卖弄自己的文采,爱吟一种叫什么"三句半"的诗。成天东游西晃,不管遇到什么事,一旦"诗兴"大发,就难免摇头晃脑,信口开河。却说有一天,他见一妇女从远处走来,待走近一打量,他灵感来了,随口哈道:"远看一娇娘,近看却平常,金莲整三寸,横量。"他倒过诗瘾,可那位却是个不好惹的主,闻听此言,岂有不怒之理。于是,也不顾什么"男女授受不亲",扭住他便要去对簿公堂,竟敢在光天化日之下,调戏良家妇女!到了公堂上,那县太爷刚询问了两名,忽然丫鬟来报,说夫人生下一千金。

闻听此言,那家伙又来了兴致,竟又开口吟道:"老爷上公堂,太太进产房,生下一千金,像娘。"那县太爷一听:吆,你小子还真了得,连本官也敢调侃两句,一定不是个好东西,还用得着审问吗?于是,他大喝一声:"来人!拖下去重打四十大板,发配南阳充军!"

那南阳却是他娘舅家，外甥被发配来了，那当娘舅的自然要去探望一下外甥。这甥舅俩一见面就抱头痛哭，哭着哭着，他灵光一闪，竟又吟起"三句半"来了："充军到南阳，见舅如见娘，二人同落泪，三行。"他娘舅一听，先一愣，随后就给了他两耳光。你道为何，原来他娘舅只有一眼，自己的不足被外甥指出，他老人家又怎能不生气呢？你看，这个人就是不识时务者，姑且不论他的诗才如何，只说他的话惹的祸。他娘舅是独眼龙这倒是事实，可哪容得别人拿来调侃呢？更何况这个还是他的亲外甥，也是他老人家肚量大，才两个耳光了事。或许那"远看的娇娘"的确有双大脚，可又关他何事，又不是他讨来的老婆，反而惹出一场官司。更不该的是他连县太爷也敢调侃，因自己本来就官司缠身，对主审人讨好送礼都来不及，又怎敢得罪于他呢？不幸之中的万幸是那为父母官权力有限，只把他打顿屁股、发配了事。若惹上手持尚方宝剑饮差大臣，弄不好还落得个"先斩后奏"，那岂不更冤枉了。如此看来，在不该说的时候，还是"三缄其口"的好，以免"祸从口出"。实在是不得已开口时，就按鲁迅先生教的这样说："哎呀，这孩子！你瞧！多么……啊吆！哈哈？嘿嘿！嘿！嘿！嘿！嘿！嘿！"我想这样听者也会心照不宣，附上几句嘿嘿！岂不皆大欢喜。

在社交场所，有很多我们了解不够深的陌生人，本来可以结成知己的，可是因为我们在初次谈话时，毫无顾忌地谈论诸如死亡、离婚、身体特征、或是其它微妙的问题。我们自己不觉得，但却刺伤了人家的心，就此疏远，甚至不再往来！

有社交经验的人都会有这种切身的体会：在某些特殊的场合，说话都要谨慎，要像收紧的小口袋那样，将想表达的意思好好地组织成合适的语言，用合适的语气表达出来，切不可张嘴就说，说过后又不负责任，不认帐。要知道这样会给自己惹出些不必要的麻烦，还会丧失自己的信誉。

所以对于那种口无遮拦的人切切要谨慎，否则会误事的。

有位企业人事资源部部长讲过这么一件事：一天，她办公室来了一位应聘的年轻人。表面上看去很内向，回答问题时，显得有些木纳嘴笨。但在十几分钟时间里，竟抢着别人的话题说了不该他说的话。于

是，她果断地判断这是个爱管闲事，并且口无遮栏又缺乏经验和修养的人。于是对他说："请到其它单位去试试吧"、"不过，我想送你一句话，今后无论你在何处高就，都要谨开口，不该说的话半句也不说，该说的话一定要认真、诚恳地说好。"真是一位心肠太软的女士，宁可得罪一个人，也要想办法帮助一位青年改正自己的缺点。

试想，如果这位年轻人依然我行我素，还能找到理想的单位吗？还能受到朋友的喜欢吗？人都说："人言可畏"，要知道那些可畏的人言正是从"快嘴"、"游嘴"中溜出来的。用绳子将那些"快嘴"、"游嘴"扎紧吧，闲言散语少了，是非也会少许多，烦恼自然也会少了许多。

英国诗人兼外交家马修·勃利奥说："只顾说话，便无暇深思。"

许多人往往未经深思，就把话和盘托出来了。可是有几个人肯坦白承认自己有这个毛病呢？

有一位年长者曾经说：不要以承认自己不知道为可耻，更不要用伶牙俐齿来掩饰自己的无知。

大巴西勒说，说别人的坏话会同时使三方受害：一

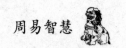

是那被恶言谈论的人，二是听到这坏话的人，但最主要的，是那说别人坏话的人。

当你在指责别人的时候，要记住，即使你确切地知道那人的过错，也不可谈论他的是非，更何况假如你不知道情况，那就是人云亦云了。

一般来说，有三种人喜欢散步闲言：一是无聊者无事生非，于是便有了飞短流长；二是心胸狭窄者，由嫉妒而生猜疑，由猜疑而生闲言；三是懦弱、猥琐的人，不敢当面评人是非，总爱背后论人短长。

惹祸只因闲口舌，人间灾祸，大半因舌头的翻翻搅搅；是非麻烦，大都出于闲口舌。说的人无心，听的人有意，不知不觉衍生漫天风波，很容易伤害别人，使亲友反目成冤仇。至于某些故意说话伤人，造谣生事者，甚至一言兴邦，一言丧邦，就更容易引发天大的灾祸了。

闲谈莫论人非。不要以惯于诽谤他人而知名。不要精明于怎样损人利己，因为这并不困难，只是会遭人唾弃。所有的人都会向你寻求报复，说你的坏话，并且由于你孤立无援而他们人多势众，你会很容易被打败。

不要对别人幸灾乐祸，也不要多嘴多舌。一个搬弄

是非的人会被人们深恶痛绝。他或许可以混迹在高尚的人群中，但他们只会把他作为一个笑料，而不是作为谨慎的榜样。说人坏话的人会听到别人说他的更不堪入耳的话。

越出名，就越要小心

原文： 在师中，吉，无咎，王三锡命。

释义： 在军中任统帅，持中不偏可得吉祥，不会有什么灾祸；君王多次进行奖励，并被委以重任。

释例： 有抱负、有才能的人都会垂涎这个"在师中"举足轻重的职权，但并非每个人轻而易举就能干好，就能得到上司的"锡命"（赏赐）。因为人才越出名，职权越大，就越要小心！

职权意味着权力，而权力意味着腐败。利己主义会因职权而膨胀，而不称职的管理人员却不知足地追求职权。他们要权，为的是可以更多地开销费用，更多地网罗亲信，更多地旅行出差。他们到处攫取权力以便为所欲为。但是这样的权力是不存在的，也是绝不会有的，除非你是个体经营者。

　　职权的行使是一件事关信任的事务。在充满不信任的组织内，权力问题总是显得相当突出。

　　人们为权力而勾心斗角，为失去权力而悲叹哀鸣。在这类组织内，管理人员相信，在人们眼里额外的职权意味着额外的荣誉，将提高他们在其它人眼里的身价，给他们一种高于他人的权力。在这样的组织里，追求和获得权力是一种自私自利的行为，目的在于个人的满足，而不是为了整个公司及其全体员工的最大利益。

　　优秀的管理者则是谨慎小心地运用其职权。他寻求的仅仅是足以使自己有效履行职责的那部分职权，以便完成公司要求他作出的贡献。优秀经理并不将这份职权视为"高于他人的权力"，而更多地看作是实现本组织目标需要的决策权。如果他感到自己缺少完成所担任的工作需要的职权，他会说服上司授予他更多的权力。

见好就收是高手

　　原文：肥遁，无不利。

　　释义："肥遁"就是赚了大钱功成身退。激流勇退，于企业，于自己，于接班人都有好处。

释例：急流勇退，见好就收。及时而漂亮的撤退与漂亮的进攻同样重要。扶助某人久了，连幸运女神也会累的。凡事终了时务必小心谨慎，顺利抽身退出要比顺利地进入时更难。最重要的不是到场时博得别人的喝彩，而是离开时别人对你的想念。

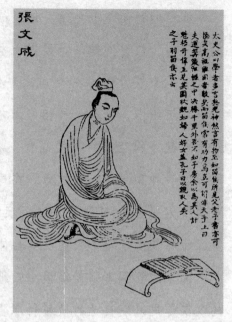

留侯张良像。张良辅佐刘邦取得天下后归隐，功成身退。张良见好就收。此做法与《周易》"肥遁，无不利"思想相一致

有人去见宋襄王，得到了十辆车子赏赐，这个人便向庄子夸耀。

庄子就用以上道理告诫他，还说出一个故事。有个人住在河边，家境贫寒，他靠编芦苇制品养家活口。某日，他的儿子潜入河中最深的水底，得到一颗价值千金的珍珠。

这个人见了儿子送上的珍珠，没有高兴，而是叫儿子，赶紧找块石头砸碎它。他对儿子说；珍珠虽然很值钱，但一定产生在极深的潭底，在黑龙的下巴下面。你能取得这颗珍珠，一定是碰上黑龙在睡大觉。假使黑龙那下子醒了，你还有命吗？

庄子告诉这个人说："如今宋国的形势凶险无比，还不止像深渊，宋襄王的凶残狠毒，远远超过黑龙逞威。你能够得到十辆车子，一定是碰到襄王在睡梦中。假如他突然醒悟过来，你只怕想当他的阶下囚也不可得了。

知道不可侥幸，便知道取舍，便知道和气的生活，自由的人身可贵。

有位诸侯用厚礼招聘庄子做官，庄子一笑，回复这位诸侯的使者说："你见过作为祭品的牛吗？祭祀时，它满身文彩，还披着彩绸，吃的嫩草和黄豆，受宠极了。等到它被牵进太庙宰杀的时候，即使这时它想作一条山野无人照料的野牛，也已经不可能了！"

所以，贤能的人一定要认真选择可以服务的对象，才接受职位，美好的飞鸟一定要寻找适合栖身的树林，才筑巢作窝。

侥幸求利，小则终身遗憾，大则当时就丧失性命。

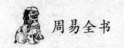

有人生阅历的老人知道，人的寿命并非越长越好，最好是在别人还需要自己的时候就撒手人寰，这叫做见好就收。恋世以至于苟延残喘，终会让人生厌，活得没有滋味。

有艺术经验的演员知道，"再来一个"得有严格的节制，最好是在观众兴致正浓的时候就悄然退场，这也叫见好就收。因为台下掌声热烈，就没完没了地"再来一个"，等到观众倒了胃口再收场，总是有点灰溜溜的。

中国历史上有不少政治家功成身退，他们懂得见好就收。

李泌要与唐肃宗分手时，是与唐肃宗同榻而寝的，简直情同手足。但李泌决意离唐肃宗而去，他说"臣有五不可留"："臣遇陛下太早，陛下任臣太重，宠臣太深，臣功太高，亦太奇。"李泌明白，倘若迷恋这一切而不想"收"，那么，事情就会悄悄地发生变化。周围的环境会变，信任会变成猜疑，拥戴会变成妒忌；自己的心态也会变，功能使人变骄，权会使人变蛮，弄不好就会身败名裂，以至像李斯那样，想当平民百姓而不得。

当然，这类功成身退的政治家大致都是官僚，当君主的没有这回事，非到迫不得已之时，他们是决不肯让位于人的，尽管见好就收这句话，对他们也同样适用。

当然，激流勇退见好就收，并不是舍弃如荼的生活主流走远，激流勇退更不是强求不食人间烟火的脱俗。而是呼唤一种率直的生活分析，一种近乎平淡却真挚的人生态度。当生活向我们发出真善的召唤，当弱者向我们伸出求援的双手，你、我、他就应奔涌着呼啸向前。

恩威并用，宽猛相济

原文：有孚挛如，富以其邻。

释义：具有诚信的德行，与别人紧密联系并互相帮助，自己致富也要使邻人跟着一同富起来。

释例：事业能否成功，关键在于人的个人修养、志向、威信如何。

所谓威信，就是威严加诚信，没有威严的诚信，会使诚信谈然无味，没有诚信的威严只能是空架子。

下面是一个关于美国电话业巨擘——密西根贝尔电话公司总经理福拉多的生活片段：在一个寒冷的深夜，纽约的一条不算繁华的道路很少有车辆行驶。这时从街

39

中心的地下管道洞内钻出一位衣着笔挺的人来。路旁的一个行人十分狐疑，他上前想看个究竟，一看却怔住了，他认出这人，竟是大名鼎鼎的福拉多。

原来地下管道内有两名接线工在紧急施工，福拉多特意去表示慰问。

福拉多被称作"十万人的好友"，他与他的同事、下属、顾客乃至竞争对手都保持着良好的关系，这位富有人情味的企业巨子，事业如日中天。

当然，作为一个行政主管，要做到令出必行，指挥若定，必须保持一定的威严。在领导与指挥业务上，没有令对方与下属感到畏惧的威摄力，是难以尽责称职的。仅靠有一张和蔼

范仲淹像，选自《吴郡名贤图传赞》。范仲淹"先天下之忧而忧，后天下之乐而乐"的感慨也许是受到了《周易》忧患意识的影响

的脸，一番美丽动听的言辞所起的推动作用，可以说非常有限。惟有恩威并用，宽猛相济才是上策。

但是威严不等于严言相向，开口大骂，整日板着面孔训人。只是在工作时对待属下错误必须不姑息，立即指出，及时纠正。不允许讨价还价，要让属下滋生敬畏之心，才会使你威风凛凛，在万马千军冲锋陷阵商界中指挥自如。

居安思危的忧患意识

原文：明于忧患与故。

释义：凡是衰落的，都是由于过去曾经荒淫腐败；凡是灭亡的，都是由于过去曾自以为平安无事；凡是败乱的，都是由于过去曾自以为治理得宜。

释例：中国生命哲学可谓源远流长，但其第一个系统性的成熟形态无疑是《周易》大传的哲学体系。这个哲学的终极关怀是"观我生""观其生"（《易·观》），即对人生的高度关注；它把"三才"（天地人）一体的宇宙视为一个大生命系统，从而提出了"天地之大德曰生"，"生生之谓易"（《易·系辞传》）的思想；它引领

41

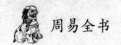

我们去直观地领悟这个生命系统的"易道"——天道、地道，尤其人道；它让我们倾听"道言"，然后"言道"。由此，它指示我们将所领悟到的人道运用于我们的人事中，求得天人之际的和谐、人际的和谐、身心的和谐。

毫无疑问，周易哲学的核心可以归结为"阴阳"范畴；而我们更进一步认为，阴阳范畴的实质则可以概括为"生命的结构"：从其内容来看，阴阳范畴是一种"生命忧患"意识；而从其形式方面来看，阴阳范畴则是一种"结构思维"方法。

阴阳范畴的内容，就是生命关怀，或曰生命忧患意识。故《系辞传》一言以蔽之："生生之谓易。"孔颖达曰："生生，不绝之辞。阴阳变转，后生次于前生，是万物恒生，谓之'易'也。"这是讲的生命绵延之道，所以我说周易哲学就是生命哲学。又云："作《易》者其有忧患乎！"此即生命忧患意识，或者生存忧患意识。忧患的具体内容随时代而转变，但生命忧患本身是中国哲学永恒的主题。

《周易》作为一部形成于殷周之际的占筮之书，其目的是为了引导人们防患于未然，化险为夷，趋吉避凶。因而，在其卦爻辞中，包含了较为深沉的忧患意识。成书于战国时期的《易传》把这种意识概括为"明于忧患与故"。其曰："《易》之为书也不可远，为道也屡迁。变动不居，周流六虚，上下无常，刚柔相易，不可为典要，唯变所适。其出入以度，外内使知惧，又明于忧患与故，无有师保，如临父母。"（《系辞传》）"明于忧患与故"，就是使人认识忧患所在及忧患之因，这就是忧患意识。

忧患意识，说得通俗一点，就是"居安思危"。《周易·系辞传》借春秋末期的著名思想家孔子之口说："危者，安其位者也；亡者，保其存者也；乱者，有其治者也。是故君子安而不忘危，存而不忘亡，治而不忘乱。是以身安而国家可保也。"大意是说，凡是衰落的，都是由于过去曾经荒淫腐败；凡是灭亡的，都是由于过去曾自以为平安无事；凡是败乱的，都是由于过去曾自以为治理得宜。

因此，君子安居而不忘倾危，生存而不忘灭亡，整治而不忘败乱。这样才可以自身安全而国运常新。这是叫人对自己的处境和现状，时刻抱有警惕之心。战国中期的著名思想家孟子用非常精炼的语言把它概括为"生

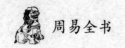

于忧患而死于安乐"。

真正作到居安思危,并非容易之事,须从细微处着眼,时时惕惧,防微杜渐。《周易》特别强调"几"和"知几"。照《系辞传》中的说法,《周易》是一部"研几"之书。其曰:"夫《易》,圣人之所以极深而研几也。唯深也,故能通天下之志。唯几也,故能成天下之务。唯神也,故不疾而速,不行而至。"意思是说,《周易》是穷究幽深事理而探研细微征象之书,只有穷究幽深事理,才能会通天下的心志;只有探研细微征象,才能成就天下的事物;只有神奇地贯通《易》道,才能不须急疾而万事速成,不须行动而万理自至(释义参见黄寿祺等《周易译着》第554页。上海古迹出版社1989年)。"几"即"微",就是事物发展变化的苗头或萌芽。《周易》认为,这种苗头或萌芽虽然"微"而似无,但却能够预示事物发展变化的方向是吉是凶。

正所谓"合抱之木,生于毫末;九层之台,起于累土;千里之行,始于足下"(《老子》六十四章)。用《易传》中的话说即是:"积善之家,必有余庆;积不善之家,必有余殃。臣弑其君,子弑其父,非一朝一夕之故,其所由来者渐矣,由辩之不早辩也。"(《坤·文言》）"早辩"即及早察觉，也就是"知几"。能及早察觉，就能防患于未然。

在《周易》看来，可否做到防患于未然，并不单纯是一个认识问题，还是一个德性修养的问题。《干》卦九三爻辞说："君子终日干干，夕惕若厉，无咎。"意即君子整日进德修业，到晚上还惕惧反省，就不会有什么灾害临到自己。可见，防患于未然的关键是谨慎自守，提高道德修养。用《象传》中的话讲即"见善则迁，有过则改"。孔子就是在这一层面上特别彰显其忧患之心的。他说："德之不修，学之不讲，闻义不能徙，不善不能改，是吾忧也。"（《论语·卫灵公》）

北宋著名政治家范仲淹，"泛通六经，尤长于易"。正是在《周易》忧患意识的启迪下，他提写了"先天下之忧而忧，后天下之乐而乐"的千古名句，成为中国历代仁人志士自强不息，担当道义的自警格言。

在中国人的俗话中，有这么一句话："没有吃不了的苦，却有享不了的福"。其意思是说：人们忍受苦难的能力，是非常大的。不论有多么大的困苦，都可以千方百计去克服。但是优裕的生活条件、事业上的顺利、追求的满足，对于某些人却是受用不了的。一些人在艰

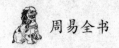

难困苦的境遇中，不会做出什么不好的事，而在优裕的条件下、或是在顺利之中、满足之中，却出了一些不应当发生的事。

顺利、追求的满足，会使人自高自大，傲慢，胆大妄为，对别人不尊敬，为人变得尖刻，

盛气凌人，不可一世。灵魂中的这类疾病，是很难治愈的。如果在这种时刻，经历到人生的磨难，那么痛苦也许能使他清醒一些。如果能因此认真反省，改过迁善，则可以使其以后免除此一类的挫折，走上幸福的坦途。

凡是做成功的人生，必须懂得一种人生的哲理，八个字：生于忧患，死于安乐。忧患对一个人的成长、成熟起决定性的作用，忧患使人很快成熟起来，使人很快聪明起来，使人很快的取得经验，忧患对人有好处，没有什么坏处，不要怕忧患。安乐使人的意志消沉，使人不想学习，使人停止进步，所以叫做死于安乐，对今天仍然有很好的教育意义。

要做不张扬的潜龙

原文：初九，潜龙勿用。

释义：初九，龙尚潜伏在水中，养精蓄锐，暂时还不能发挥作用。

释例：古人常用龙来比喻人才、名人、伟人，《易经·乾卦》以龙作为喻体，比喻人的成长需要经历"潜龙"、"见龙"、"飞龙"、"亢龙"这些过程。只有在这种长期的磨炼中，才能体现出"自强不息"、"终日乾乾"、"与时偕行"的德性。

记得有人说过：如果你这一辈子想干点什么事情，那么你就要清楚自己的三个"什么"，就是你要什么，你有什么，你能放弃什么？这是一个人成功的基本因素。

有一位总经理，今年才刚刚30出头的女性，已经是大型的汽车维修厂的总经理，负责着旗下近20家连锁店的日常业务。汽车维修服务是一种很难规范管理的企业，在她的贯彻下，竟然完全采取的是让你意想不到的现代企业管理制度，是完全的一个现代的企业模式。

她靠的是什么？她靠的就是她这种不张扬的处世哲学。

一个年营业额七千多万的私企，而她现在开的车很普通，就是大街上随处可见的桑塔纳2000，朴实、简单，一如她的为人，从她选车、买车的态度上，我们就可以看出她与众不同的地方：精明、务实和为人处世不张扬的内敛。

从她的经济实力上来说，买一辆豪华车是没问题的，也很风光。但对自己来说，实不实用是相当重要的，所以当桑塔纳2000出来后，自己觉得这款车不错。这种仅仅从自己实用出发，能够这样做的人我相信也绝对是少数。或许对她来说，车真的只是"一种工具，用什么车区别并不是很大，最重要的还是有车用。"对朋友来说，汽车只是现代生活中提高办事效率的一种工具，是为了我们的事业获得更大的成功，而不是一种张扬。

是的，我们年轻人处世就应该有意识地去培养这种意志力。为了获得健美的体格，我们要不停地进行体能训练；同样，为了获得并拥有更加成功的人生，我们必须做到谨慎做人、隐忍处世。

象龙一样尚潜伏在水中，养精蓄锐，暂时还不能发

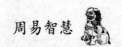

挥作用，是因为此爻位置最低，阳气不能散发出来。

亮出身手，显露优势

原文： 见龙在田，利见大人。

释义： 龙出现在大地上，利于出现德高势隆的大人物。

释例： "见龙在田，利见大人。"大人，指众人、大众，泛指社会。当"潜龙"培植了内力，磨炼了意志，一旦时机成熟，便可寻机展示自己的才华了。而此时，其才能也一定会得到大众的认可，得到身边人群的青睐和重视。

好钢用在刀刃上，关键时刻显身手。比如进入一个新的工作环境中，有关领导往往会给我们布置一些任务，有些甚至是难度较大的任务，借此来考察你的能力，这正是展现自身能力的机会。我们要善于把握这些时机，利用所学的专业知识，发挥自己的主观能动性，力争把这些任务办得圆圆满满万无一失。同时，在批评、指责、困难、利益面前，在谈判、检查、值班等重要场合，一定要经得起考验，比平时干得更加出色，这

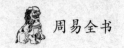

样，才能让人对你刮目相看。

幽默谐趣，富有魅力。工作环境，是由全体工作人员共同营造出来的，在我们到来之前，往往就有一个既定的氛围，或者活跃，或者沉闷，或者二者兼有之。大体来说，在气氛融洽而又活跃的环境中工作，人的心情较为愉悦，办事效率也会高些。对于一个单位来说，进来一个新人，会带来一种新气息，增添一份新乐趣。在工作和生活中，大家互相鼓励共同进步，在麻烦和矛盾面前，不斤斤计较，巧妙地化干戈为玉帛。我们如果在这方面有一定的优势，博通古今，能侃善谈，就要善于发挥这种优势，用有条不紊的推理，幽默诙谐的语言，恰如其分的措词，一词双关的妙语，来激活工作的氛围，给领导和同事留下深刻美好的印象。

发挥特长，真诚合作。做为新一代的员工，应该是一专多能的复合型人才，不光要学好专业知识，在其它方面也要广泛涉猎，要有自己的特长。"一招鲜，吃遍天。"特长是自己与同事相比所独有的优势，在很大程度上决定我们能否胜任这个岗位。我们在新的工作中要做到有什么特长就发挥什么，有多少特长就发挥多少。如果你擅长书法，可以为同事们代写春联，题写书名，把办内部报刊、黑板报等技术活儿包揽下来；如果你擅长文艺，可以在单位节日晚会、演讲比赛等场合一展英姿；如果你会修理家电，可以为同事排忧解难。这些，都会给人留下良好印象。

柔顺刚烈，随机而施

原文：恒其德，贞。妇人吉，夫子凶。

释义：常久地保持柔顺服从的美好品德，永远坚守正道；这样的话，女人可以获得吉祥，男人则遭遇凶险。

释例：不会随机应变灵活处世，对于一个处世入世的人来说也是不应该的。

《三国演义》第21回描写，刘备寄居曹操篱下，为怕引起曹操的猜疑，实行"韬晦"之计，在自己的住处后园里种起菜来了。不料曹操和他青梅煮酒论英雄，一语道破他"英雄"的真面目，刘备惊慌失措，手中筷子不觉落在地下。恰巧这时老天作美，雷声大作，刘备急中生智，以雷声巧妙掩饰而过，在这里是随机应变的能力救护了他。

《三国演义》第 71 回，描写了赵云临敌应变以"空营计"吓退曹兵的故事。汉献帝建安二十四年，魏国大将夏侯渊在定军山被黄忠斩杀，曹操得知后亲率大军 20 万杀奔汉中，要为夏侯渊报仇。黄忠自告奋勇深入敌后去夺取曹军粮草。诸葛亮放心不下，令赵云也领一支人马同去。黄忠在北山脚下被围，苦战多时。不得脱身，赵云见黄忠去后许久不归，急忙披挂上马，前去接应，曾先后两次杀入重围，救出黄忠及其部将张著。曹操在高处看到赵云东冲西突，所向无敌，愤然大怒，自领左右将士追赶。眼看大军追到蜀营军门以外，守营将领张翼看到敌我悬殊，情势危急，慌忙要关闭营门，赵云喝止，一面将弓弩手埋伏到寨外，一面令大开营门，偃旗息鼓，自己单枪匹马立于营外，魏将张郃、徐晃先到，看到这番情景，疑心设有伏兵，不敢向前，曹操到后，却催督众军，大喊一声，杀奔营前，这时，赵云大智大勇，依然纹丝不动，魏兵以为确有伏兵，转身就往后逃。赵云乘机把枪一招，蜀军鼓声震天，杀声动地，强弩硬弓一齐射出，魏兵心慌意乱，只顾逃命，互相践踏，死伤累累。拥到汉水边时，又互相争渡，落水淹死者无数，大批辎重器械丢弃，蜀军无一伤亡，取得了出乎意料的胜利，刘备得知后，亲到现场了解作战经过，非常赞扬地对诸葛亮说："子龙（即赵云）一身都是胆也！"在这个战例里，看不到、也不可能有任何牵强附会、袭人故技的痕迹，所有的只是赵云的英勇气概和随机应变、创造发挥的能力。

《三国演义》中表现随机应变的例子还很多，曹操拔刀行刺董卓，被发觉后借物随机，顺势改为献刀；曹操马惊踏农田，灵机一动来了个"割发权代首"等，无不闪烁着随机应变的智慧之光。《三国演义》还有人竟以这方面的专家自居，那便是大名鼎鼎的庞统。当孙权问他："公平生所学，以何为主"时，他不无得意地回答："不必拘执，随机应变"。

应变是闪烁着才能、机智、胆略之光的高超艺术，好比曹操的"割发权代首"，人们尽可以驰骋自己的想象，但是只能得出这样的结论：惟有曹操在这种特定的环境里，才能急中生智，想出这个两全其美的解决问题的办法。这是一种极富个性的艺术表演。可见，应变没有统一的模式可循，没有固定的规律可依。随机的"机"是多种多样的：有天时，有地利，有人物，有事件，有情况，有势态，……应变的"变"也是千姿百态

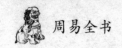

的：可以迎难而上，可以另找新路，可以寻求支援，可以等待时机，可以顺水推舟，可以置之不理……。究竟如何？运用之妙，存乎一心。这里的共同点在于，都需要快速灵活的反应，都需要急中生智和临场发挥。

应变的艺术虽然妙不可言，但也不是九天上的烟云，不可企及和获得，它来自一个人广博的知识，卓越的见识，乐观的个性，非凡的性格，尤其需要长期的实践锻炼。当刘备和刘璋翻脸时，庞统很快就指出三条可供选择的计策，这是他经验、才智在一瞬间表现出的合力。他早以才学著称于世，并且在赤壁大战和耒阳县当县令期间，得到了实际的锻炼。

终日乾乾，勤勉成功

原文：君子终日乾乾，夕惕若厉。无咎。

释义：君子整日勤奋刻苦，夜间警惕反省，这样即便遇到危险也可免遭灾祸。

释例：著名哲学家、哲学史家、国学大师，北京大学哲学系教授张岱年先生把中华民族精神概括为"自强不息""厚德载物"。作为"高山仰止，景行行止"的

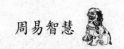

国学大师,他终生勤勉,致思学问,造福祖国的文化学术事业,堪称一代学人楷模。

人世沉浮如电光石火,盛衰起伏,变幻难测。如果你有天才,勤奋则使你如虎添翼;如果你没有天才,勤奋将使你赢得一切。命运掌握在那些勤勤恳恳工作的人手中。推动世界前进的人并不是那些严格意义上的天才,而是那些智力平平而又非常勤奋、埋头苦干的人;不是那些天资卓越、才华四射的天才,而是那些不论在哪一个行业都勤勤恳恳、劳作不息的人们。

天赋超常而没有毅力和恒心的人只会成为转瞬即逝的火花。许多意志坚强、持之以恒而智力平平乃至稍稍迟钝的人都会超过那些只有天赋而没有毅力的人。懒惰是一种毒药,它既毒害人们的肉体,也毒害人们的心灵。无论多么美好的东西,人们只有付出相应的劳动和汗水,才能懂得这美好的东西是多么的来之不易。

真正的智慧总是与谦虚相连,真正的哲人必然像大海一样宽厚。浅薄的嫉恨和无知的轻蔑都是真正不尊重劳动、不尊重勤劳的表现。人们常说:播下行为的种子,你就会收割习惯;播下习惯的种子,你就会收割性格;播下性格的种子,你就会收割一定的命运。"闻鸡

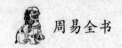
起舞早耕耘，天道酬勤有志人。"让我们养成勤劳的习惯，培养勤奋的性格，收割丰收的果实！是的，我们要勤勉的工作，要珍惜每一刻时间，去除一切不必要之举，勤做有益之事。人虽有愚、智、贤、不肖之异，然而成功之诀在于勤勉。是以只要持以恒心，坚以毅力，勤勉地做下去，所谓"勤能补拙"，即使本身天分不足，亦能因勤勉而弥补之。

在美国，工作时间最长的当推高科技行业的人，尤其是国际网络业的新创业者。约翰·丹尼斯是一位电脑程序设计师，在美国硅谷的一家网络软件公司工作。虽然他和父母住在一起，但他早出晚归，父母难得见他一面。晚上他往往三更半夜才回家，他父母早已进入梦乡。每天天还未亮，他父母还没醒过来，他已经出了家门。如果他们半夜醒来，看见儿子的车在门前的车道上，他们就知道他回来了。如果见不到他的车，那他一定是在公司里通宵达旦加班了。

约翰·丹尼斯累了就在电脑桌上睡一会儿，他们公司的老板也想得挺周到，每个人发了一个折迭床，就放在电脑桌下，工作太累了就躺一会儿，醒了又继续干。饿了就到隔壁咖啡厅买点东西吃。公司搬到这栋写字楼时，公司的老板有先见之明，在他们公司和咖啡厅之间开了一道门，大大方便了公司员工用餐，节省了不少时间。而从咖啡厅吹来的咖啡清香便整天飘荡在办公室的空气中。

网络技术层出不穷、日新月异，每18个月就上一个新台阶，所以高科技人才真是忙得废寝忘食，才能跟得上科技的飞速发展，他们很多人每天工作起码12到15个小时，才拖着疲惫不堪的身躯回家，忙得已经忘了上一次假期是多久以前的事。

很多美国人废寝忘食的工作，完全是自觉自愿、没人强迫的，因为他们雄心勃勃，期望在科技上有所突破，期望科技的突破会带来巨大的财富。约翰·丹尼斯公司的创办人，他和一班员工都是没日没夜苦干的"拼命三郎"，他们正是这些热衷于发明创造、全心全意投入的美国人的典型例子。

约翰·丹尼斯说："我们现在干得辛辛苦苦，就是希望有朝一日成功，我和我亲爱的家人可以过着安逸的生活，优闲自在地享受我过去辛勤劳动的成果。或者到将来我经验丰富时，我也可以每周悠哉游哉地工作35个小时，而效率与产出和后来者每周拼命工作60个小

时一样高。"

不论我们是对待工作还是学习，我们都应该知道，能同成功划上一个等于号，那就是我们的勤勉。

审时度势，待机而发

原文：或跃在渊。无咎。

释义：龙或腾跃而起，或退居深渊，不会有灾祸。

释例：九四："或跃在渊。"意思是说"或奋发跃起，或退而在渊。可进可退，能进则'跃'，不能进则退。一切待机而动，而不是盲目冲动，浮躁妄动。跃是为了发展，退是为了发展而积极地准备、筹划，创造更为有利的条件和先机。"

西奥多·瓦尔曾经这样说："现在商界的年轻人最要命的弱点，就是缺乏准备，缺乏实干精神和考虑周到的素养，空有一番进取心，不愿为之努力奋斗。"

有一种品质可以让一个年轻人实现自己的愿望，在芸芸众生中脱颖而出，这就是实干精神。而是否具备这种实干精神，常常因人而异。在失败者身上，往往蕴含着大量没有利用、没有开发的能力。为什么他们没有好好利用这些能力呢？他们中的许多人都理应获得成功，而不是仅仅在温饱线上挣扎。他们完全有机会做得更好，但是，为什么他们没有呢？

经常问问自己，我们是否在努力做好？我们是否充分利用了自己的机会？我们是进步了还是落后了？这些思考都是非常有益的。

奥利弗·霍尔姆斯说："与我们行进的方向相比，处在哪个位置上倒是一个次要问题。"那么，我们究竟在向哪一个方向行进呢？

有千千万万的人拥有伟大的雄心、宏大的志向，他们也决定要实现这些理想，但是他们又因为疑虑困惑而停滞不前，甚至不肯迈出一小步。他们一直在等待着，不敢前进，就像有魔鬼守在门口一样。他们常常不愿意全力以赴，更不用说完全切断自己的退路了。

在我们的人生当中，我们期望自己的成功，就要为自己创造一个可进可退的人际宽松环境，这则是最好的处世之道。环境宽松了，我们的工作开展起来就显得游刃有余了，成功也不会离我们太遥远了。

飞龙在天，时机成熟

原文：飞龙在天，利见大人。

释义：龙飞行在天空，利于出现大人。"飞龙在天，利见大人。"这句的"大人"，同样是指"大众"、"众人"，只是本句的"大人"。

释例：是"飞龙"所面对的，而不是当初"在田"的龙所面对的。无论从群体的面和群体的素质层第上比较，"飞龙"所面对的众人、大众远远超过前者。因为"飞龙"是已经具备了成熟的社会处世能力，已经有了成就自己的才能了。这里的"飞"字既是名词，修饰"龙"；又是动词，形象地描述了此时的"龙"腾空而起的情形，象征了的崛起、业绩和称雄及其在社会上的影响力。

泰罗通过自己的管理学著作《计件工资制》（1895年）、《车间管理》（1903 年）、《科学管理原理》（其中包括在国会上的证词，1912 午），就是在工作中总结了几十年试验研究的成果，归纳了自己长期管理实践的经验，概括出一些管理原理和方法，经过系统化整理，形成了"科学管理"理论。泰罗在管理理论方面做的许多重要的开拓性工作，为现代管理理论奠定了基础。由于他的杰出贡献，他被后人尊为"科学管理之父"，这个称号并被铭刻在他的墓碑上。

人才的业绩和成就也是企业的业绩和成就，人才的成长和发展，也是企业的成长和发展。所以说，一个企业、一个单位想要"飞龙在天，利见大人"，只需要"无为而治"，为人才的成长和发展营造一个良好的环境。当你把一条条"飞龙"送上天的同时，你的事业也随之腾飞在天了。

防微杜渐，知错而返

原文： 初六，履霜，坚冰至。

释义： 脚踏上了霜，气候变冷，冰雪即将到来。

释例： 刚一起步就发现问题了，并能从问题的迹象预计到前面的问题会更麻烦，如果照此走下去，其结果将会使局面越来越艰难险阻。不要急，好在是事物的开端，纠正还来得及。

是的，此时或者知难而进，或者知错而返。如果你

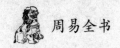

已发现自己处世的方法原本是一个天大的错误时，你首先考虑的是如何纠正它，无论这个问题的原因和责任在于谁，都不能任其发展。

有人说过这样的话，一个善于处世交际的人，仅仅有专业能力还是不够的，要想成为杰出的人必须有两个翅膀：丰富的社会常识和良好的判断力。否则，具有雄心壮志的人也只能与成功擦肩而过。我们都见过一种精巧的机器，它可以没有噪音地在钢板上打洞，能做到这一点靠的是它有一个巨大的平衡轮。这个平衡轮为完成任务储存了能量、速度和动量。一旦从这台能够轻巧打洞的机器上移走了平衡轮，这机器就会散架。在这里，平衡轮就是机器的关键零件，而常识和判断力就是人的平衡轮。如果一个人没有这两点，他的宏大愿望也仅仅是愿望而已。

一个过份高估自己能力、过于自负的人如果没有弄清自己的实际能力和缺陷，他的下场就往往很可怜。对一个人来说，知道自己不能做什么，与知道自己能做什么同样重要。

如果把一个人比作一架机器人，那么，他对问题的判断力、防微杜渐的能力就是其中的平衡仪。

见微知著，防患于未然；知著察微，总结经验。

庄子曾经讲过这样一个故事：河伯说："社会上的议论者都说：'精细到了极点的东西没有形体，巨大无比的东西不能以范围来限定。'这是真实的吗？"

明代传世智书《经世奇谋》中说：事情虽然还未显露出来，它的细微迹象却已露出，愚昧无知的人对它熟视无睹。比如烟窗安装不当，将召来火灾，而燕雀却怡然自得，不知大祸将临头。如果是君子，看到迹象就知事物的结果，怎么会到这种地步呢！明代另一传世智书《智囊》也说：圣人没有必死之地，贤人没有必败的结局。圣贤之人，当彼处昏暗时能在此处躲避，当机遇到来时能自觉加以运用。由先贤先哲的这两段遗训可知，人是否具备见微知著的能力，将直接影响到人的吉凶祸福，将直接影响到事情的成败得失。

谈到做事中的"微与著"，就是强调，我们无论做什么事，都要注意察微知著。

扁鹊是历史上名医，他第一次见到蔡桓公，发现桓公脸色与常人不同，说他有病，而桓公自恃身体强健，认为扁鹊想卖弄自己的医术，没有放在心上。扁鹊第二次见桓公，发现他的病情加深，要求医治，桓

公还没引起注意，果然不多久，桓公的病情加重，然而已入膏肓，派人去寻找扁鹊而不见踪迹，最后桓公病死。这个故事告诉我们：我们无论做什么，应该防微杜渐，防患于未然，才能将事情办好，我们经常在书中看到一些名言警句，足以作为日常生活行事的依据，像这样的句子，我们不妨将它当成座右铭，时时拿来提醒督促自己。

"处世"多少事，都付笑谈中

原文：盘桓，利居贞，利建侯。

释义：万事开头难，在初创时期困难特别大，难免徘徊不前，但只要能守正不阿，仍然可建功立业。

释例：有时候，虽然局势使人一筹莫展，但只要动机中正，思路清晰，能够与人们有融洽的关系，还是能得到的拥护和理解的。

所以，局势盘桓难前并不是一件坏事，在有头脑，会发挥各方面人员积极性的成功人士眼里，这是处世每前进一步前的"蓄势"阶段。蓄什么势？势者，东风也。"万事俱备，只欠东风"，这时的"东风"或许就是人的积极性，是人们的理解和支持，是一种打破局势的"创意"。

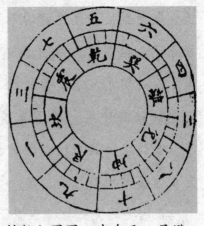

封数之圆图，出自元·吴澄《易传言外翼》

有一位名叫马克的人深谙此道。在大多数情况下，如果他有个创意需要一名下属去执行，马克会在一次谈话中漫不经心地提到它。他一般不会直接亮出底牌说："这里有一个很棒的创意！"相反，他会若有所思地把它用比较大一点的声音说出来，以便听众中有一个机灵的人能够发现它。然后，他就可以坐待佳音了。

过了一两个星期后，如果那名下属仍然没有把事情做好，马克会在下次谈话的时候再次漫不经心地把它提出来。几天以后，马克会给这名下属一份附有他一些其它相关想法或者新闻剪报的备忘录。几个星期以后，他又这样轻轻地但又略显无情地这样刺激他一

下，即使是反映最迟钝的下属，都应该知道他是什么意思了。但是，马克并没有强迫下属接受自己的观点，而是用了几个星期的时间让这个主意慢慢地渗透到他的脑海中去，使下属慢慢地自觉接受这样的想法。当这名下属把这个创意付诸实施的时候，他肯定会认为这是他自己的创意。

正因为马克先生"以贵下贱"，所以能受到下级的理解，能将自己的创意变为下属的创意和实际行动。

友善接触，魅力再现

原文： 即主鹿无虞，惟入于林中，君子几，不如舍，往吝。

释义： 追鹿而没有虞人做向导，只能独自闯入林海。君子应有预见性，不如舍弃不追，一味前往必招致遗憾。

释例： 古人说，刚过为悔，柔过为吝。凡事做过了头，出现了错误，便会生悔。既悔必吝，吝是失误后接着产生委委琐琐的消极状态。因为这种消极状态，不但会影响大局，还会疏远朋友之间的关系。如果你是一位领导，在这种消极的状态中工作，还有谁会愿意跟着你真干、实干呢？

如果你这种情绪是由于下级对你的领导不满而引起的，你是将气一股脑儿撒在下级身上，还是反省自己，及时认识自己的过错？善处理人事关系的人肯定会选择后者。因为他明白了解了自己的缺点，就应该及时去改正，而不是摆领导架子，依旧我行我素。否则，只会更增加一些下属的愤怒。

一些下属对你的领导工作心存不满，你是可以看出来的，如见到你之后总是表情十分冷淡，有时对你竟不予理会。作为领导，你自然会感觉很没面子，心里多少会有一些不畅。但是，你要善于从中发现问题，找出其中存在的原因。

只要你做到坦诚相待，把自己的真实感受和想法透露给对方，相信对方也会对你诉说衷肠的。因为作为上司，能以坦荡的胸怀对待下属，大多数下属是会被感动的。他们对上司的要求，有时并不是太高。

仅仅依靠一次感情联络是不够的，你也不能奢求下属第一次交谈就把所有的心声全部吐露给你，这在实际之中，往往是不太可能的。

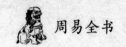

如果一次交谈没有结果，或者没有达到你满意的程度，你也不要太灰心，更不能放弃。

你要相信，只要友善地与对方保持经常的接触和交流，你与对方的关系也就一定会慢慢好起来的。

小事之中大禅机

原文：屯其膏，不贞吉，大贞凶。

释义：处在困难的境地，不能大量施以恩泽。这时，做小事情，动机纯正，可以吉祥；做大事情，即使动机纯正也会发生凶险。

释例：当生活中遇到很大的险阻的时候，要想摆脱困境，最要紧的是稳健。此时，头脑要冷静，要紧紧依靠得力的朋友。问题要逐渐地解决，困境要逐步地摆脱。步子迈得过大，急于求成，势必导致失败。

也许你不明白"小贞吉，大贞凶。"的涵义，不知道其中蕴藏着一种微妙得使人惊讶不已的秘诀。这里我想用一个漫不经心的小故事，提示一下这"小"与"大"的禅机。

某一个下雨天的下午，有位老妇人走进匹兹堡的一家百货公司，漫无目的地在公司内闲逛，很显然是一副不打算买东西的样子。大多数的售货员只对她"瞧上一眼"，然后就自顾自地忙着整理货架上的商品，以避免这位老太太去麻烦他们。其中一位年轻的男店员看到了她，立刻自动地向她打招呼，很有礼貌地问她，是否有需要他服务的地方。这位老太太对他说，她只是进来躲雨罢了，并不打算买任何东西。这位年轻人安慰她说，即使如此，她仍然很受欢迎。他并且主动和她聊天，以显示他确实欢迎她。当她离去时，这名年轻人还陪她到街上，替她把伞撑开。这位老太太向这名年轻人要了一张名片，然后径自走开了。

后来，这位年轻人完全忘了这件事情。但是，有一天，他突然被公司老板召到办公室去，老板向他出示一封信，是位老太太写来的。这位老太太要求这家百货公司派一名销售员前往苏格兰，代表该公司接下装潢一所豪华住宅的工作。

你能启发你的下级大事业从小事做起，从一点一滴做起的主观意识吗？你能培养他们（包括你自己）这种"于一滴水中见太阳"的意志品质吗？

故事中的小店员、小事，使人联想到一些商业部门

的一些大炒作、大行动、大举措，轰轰烈烈之后不知有多大的效果。有些单位甚至因此而遭到消费者的投诉，其结果不正是"大贞凶"吗？

动之以情，晓之以理

原文：发蒙，利用刑人，用说桎梏，以往吝。

释义：启蒙教育应利用典型的事例，避免走上邪路，而急于求成必将出现悔之莫及的结果。

释例：我们处世要以人为主体，要以法为主体，要经常向身边的人进行法律常识的教育，把我们认识的人都置于国家法律的自我保护和自我监督之中，这样，不但形成了良好的社会环境，也会使自身人群中的威信得到提升和巩固。

法律的作用仍然是有限的，因为绝大多数人，绝大多数情形都在合法的范围内活动，动用法律的机会很少，可能只占百分之一、二，动用规章制度的情形也不可能是全部，而大部分情形，还得靠常规的启蒙、启示、教育等方法去处理。

我们可以举一个简单的例子。假如一个年薪200万美元的人得了肺炎,那他就必须去找医生诊治。而事实是这个医生年薪只有20万美元。这样问题就出来了:一个年薪200万的人凭什么要听一个年薪20万的医生摆布呢?答案很简单:术业有专攻,在肺炎方面医生懂得比谁都多。他能治好你的病,你就得听他的。

营销人员挣得多无可厚非,他们只是在凭劳动挣钱而已。但是个人前途与命运离不开公司大局与上层领导,公司衰落了,也就毫无个人成就而言。

作为管理人员,应该努力设法和下属们和睦相处。处理好这个关系,对双方都意义重大。

这就说明,法制教育以外的教育其实更为重要,因为,许多问题必须靠举例子去启发,去沟通,去达到一致的认识。

先扬后抑的"击蒙"

原文:击蒙,不利为寇,利御寇。

释义:启蒙教育要及早实行,要针对蒙童的缺点,先发治人。不要等到蒙童的问题彻底暴露再去教育,而要防患于未然,事先进行启蒙教育。

释例：对别人的教育和批评，方法是多种多样的，前文中讲到的"发蒙"、"包蒙"、"童蒙"，都是比较典型的方法之一，而"击蒙"的区别则是指批评的力度上大一点，方法属刚性，或以刚制刚，或以刚制柔。但在实际运用上还得灵活掌握，要始终注意保持一个度。

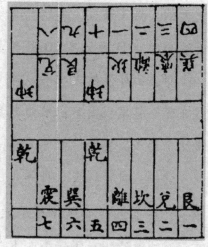

卦数之横图，出
正元·吴澄《易传言外翼》

批评也是一门艺术，许多人之所以没有好的人缘关系，并非他本人没有能力，而是不善于运用批评这种技巧。部下免不了犯各种大大小小的错误。因此，作为领导，对他们提出批评是常有的事。但是，一提起批评这个词，许多人会不寒而栗，因为他们的接受的都是粗暴地训斥，唬着脸，把他们损得一钱不值，以至为人处世总是谨小慎微，不敢承担责任。这种习惯会让人丧失积极主动的创造精神。这样的批评无助于改进，反而适得其反。要知道，批评的最终目的不是要把对方压垮，而是为了帮助他成长；不是去伤害他的感情，而是要帮助他把事情做得更好。

这种批评有助于使对方认识到你不是在攻击他的自我，不是批评他这个人，而是批评对方的某项工作或某件事情。把你的批评指向他的活动，就无损于他的整个自我形象，这样就使批评建立在友好的气氛中，使对方感到无拘无束，欣然接受批评。用这种方法，你在指出他人错误的同时实际上夸奖了他，使他得以重新树立自我形象，因为你的意思给他的感觉是"领导的话说明我这个人还是不错的。"这样，你就让他知道，你是信任他的，并期望他做得更好，这本身对于他不辜负你的信任和期望就是一种强有力的激励。

如果对方需要忠告批评，要从赞扬其优点开始。这种方式就好像外科医生手术前用麻醉药一样，病人虽然有不舒服的感觉，但麻醉药却能消除苦痛。

彼此妥协，才会共享胜利

原文：需于血，出自穴。

释义：在血泊中等待，不小心陷进深穴，用尽全力才逃脱出来。

释例： 在人际交往中不但需要足够的耐心，同时还需要做出某些付出甚至牺牲。要想得到理想的人缘，不付出一定代价是不行的，不栽树，只想伸手摘桃子的事是没有的。

圣雄甘地通过不抵抗主义取得了胜利，婚姻从来就是妥协的产物，而妥协本身有时候就是对于对方的蔑视，更是合作的必经之路。妥协，当然是有理由的。

一、圣雄甘地胜利了

在上一个世纪，印度的国父莫汉达斯·卡拉姆昌德·甘地奉行"勿以暴抗暴"的不抵抗主义，最终获得了胜利。在亚穆纳河之滨，印度为怀念他建造了一座纪念碑。纪念碑是用黑色砖头修建的普通平台式建筑物，上面用英文和印地文铭刻着他的教诲："我希望印度自由强盛，敢于牺牲自己，勇于创造一个美好的世界。每个人应当为自己的家庭牺牲，每个家庭应当为自己的县牺牲，每个县应当为自己的省牺牲，每个省应当为自己的国家牺牲，每个国家应当为全人类牺牲。我期望'天国'降临尘世。"虽然时至今日，正像甘地晚年所担心的那样，他的继承人抛弃了他的教诲，但在人们日常生活的种种论辩中，不抵抗主义可以大派用场。

其实何止于甘地。这个世界上的所有胜利，有哪一个不是经由妥协而取得的？

二、连婚姻都是妥协的产物

可以说，婚姻一开始就是一种妥协的产物——男女之间想象中的"王子"、"公主"与现实中的恋爱对象总有一定的差距，面对"固执已见"的姑娘小伙们，介绍人总要开导他们放宽条件，说什么"这位先生各方面条件都达标了，就是身高差了2厘米，不过他今年才20岁，还可以往上"，或者"别总是看人家姑娘的缺点，结了婚有了感情，什么黑呀白呀，看惯了越完美呢"，而这么一说，双方一般来说也就"凑合"了。而婚前就有一种妥协感的夫妻，由于在婚姻生活中仍然不忘妥协原则，一般来说并不比那些曾爱得死去活来的夫妻生活得差。

人际交往也是一样，懂得彼此妥协，才会共享胜利。

原子式的合作状态

原文：食旧德，贞厉，终吉；或从王事，无成。

释义：享受过去的德业，吃喝不愁，坚守正道，处

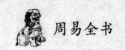

处小心防备危险，终久会获得吉祥；如果辅佐君王建功立业，成功后不归功于自己。

释例："不食旧德"，告诉我们，社会在永远都在创新，只有创新才能使生命有活力，有凝聚力，才能更好的发挥我们的潜力。

美国尼葛洛庞帝从小就醉心于艺术和数学，在大学时代，原奉主修建筑的他，后因进入研究所从事计算机辅助设计的研究，而一头栽进了计算机科学领域而无法自拔。因此，尼葛洛庞帝对真正有创造性人才的特点掌握了如指掌。他指挥着一帮天才"疯子"有力地创造着未来的梦想。

"从我们实验室出来的人，没有出现过一个富翁。与比尔·盖茨相比，我们连其财富的百分之一都没有。但我们当中很多的人享有实验室的工资，同时也为外面的企业做顾问。每年也有25%的人员流动，现在是10%，两年以后，我们将计划进行一次大规模的招聘。"

这些人才一旦符合条件被招进实验室，尼葛洛庞帝就不再管他们，"我们对这些人从不管理，他们想干什么就干什么，我们也不给他们任何压力，不仅不管这些人是否在家上班还是在实验室里上班，（我们这些人在工作状态上是比特加原子式的——尼葛洛庞帝语）甚至不管他们一年到头出不出成果，也没有任何业绩考评。但是这些人常常不呆在家里，他们却更有兴趣到我们的实验室大楼来工作，因为那里有很多有趣的人。当初我们建实验室时是靠人才吸引人才，还让人才吸引了资金。现在也是如此。"

纷争使事理更明晰

原文： 讼，元吉。

释义： 官司得到了公正的判决，开始获得吉祥。

释例： 争执和纷争并非全是坏事，有时，争执的各方都是为了一个共同的愿望，一个共同的目标，这样的争执，只能使目标更清晰，实践目标的方案更完善，意见更趋统一。这里的前提当然是：争执的双方原本就有了一个明确的目标，而且又是那么的一致。

你的第一步，是决定你生命中的首要目标是什么。第二步就是把这项目标写成一份清晰、简洁的声明。接着，再写一篇声明，叙述你打算用什么计划来达成你的目标。

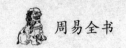

接下来的一步，也是最后一步，就是和某人或某些人结成联盟，他们将和你合作，执行这些计划，把你的"明确的首要目标"变成现实。

这项友好联盟的目的是采用"智囊团"的法则，以支持你的计划。联盟的组成分子应该是你本人，以及那些在内心中对你拥有最高及最佳利益的人。如果你是一位已经结过婚的男士，你的妻子应该是这个联盟中的一分子，但是你们之间应存在着一种信任与同情的状态。此一联盟的其它成员可以包括你的母亲、父亲、兄弟姊妹，或是其它的好朋友。

如果你是一位单身汉，你的女朋友应该成为此一联盟的一分子。这并不是开玩笑——你现在正在研究人类思想中最为有力的一项法则，要想使你获得最佳利益，你必须认真而且诚挚地遵行本章中所提出的规则，即使你也许尚不能确定这些规则将引导你走向何处，你也必须奉行不渝。

和你一起组成友好联盟，且希望帮助你创造出"智囊团"思想的这些人，应和你一起，在你"明确的首要目标"的声明纸上签字。你联盟中的每位成员一定要充分了解你组成此一联盟的目的。还有，每位成员一定要由衷地配合这项目的，同时要充分赞同你的作法。你联盟中的每位成员必须拥有一份你"明确的首要目标"声明的副本。不过，我必须明确地指示你：必须要由你自己达成你首要目标的目的。这个世界到处都有"疑神疑鬼"的人存在，让这些意志不坚的人嘲笑你以及你的野心，对你并无好处。记住：你所需要的是友善的鼓励和帮助，而不是嘲笑与怀疑。

接下来要说的，是一项最重要的基本规则，你一定要遵守。和你的友好联盟中的一分子，或是全体成员商量好，要他或他们以最肯定及最明确的话向你说出："我们知道，你一定可以实现你的这项目标。"这种明确的证言或声明，应该每天至少向你提出一次，如果可能的话，次数越多越好。

你必须持之以恒地奉行这些步骤，并要充分相信，它们必将引导你到达你所希望的目的地。

如果只把这些计划执行几天或几个星期，那是不行的。你必须奉行上面的这些步骤，一直到实现你的明确的首要目标为止，不管需要多少时间，也绝不能半途而废。

山高水险，行路难，不畏难

原文： 升而不已必困，故受之以困。

释义： "前进遇险而不盲目冒进，退归原处获得赞誉"，往前进发遇到险难，并不急躁冒进盲目犯难，而是平平静静退归原处，以便从长计议，所以获得了人们的赞誉。

释例： 明月司空见惯，塞难自来就有的吧？

"青天有月来几时？我今停杯一问之。人攀明月不可得，月行却与人相随。"李白写完了《把酒问月》、《蜀道难》、《行路难》，意气磅礴，依然还是不能平静，"弃我去者"、"乱我心者"照样在心里翻腾。他彻夜不眠，想得愈多愈是抓不住要领，"孤灯不明思欲绝，……美人如花隔云端"，心里好苦。依然天天喝酒，酒，还是天天喝。以月下酒，对酒当歌，颠倒黑白，恍然如梦。酒喝得再多，依然还是烦恼的美酒天天有，自然觉得无聊。

一个人满心想干的事不一定就是正经事，随意而为之的事未必就不正经。看来，李白这一生确实也没有多少正经事要干了。他见屈原疯疯癫癫问巫问咸，问得出奇制胜，问得竟然能以荒诞留大名，便将酒杯推到一边，索性就地取材，以月为喻，要给这个"行路难"的"难"字彻底来一个了断——"今人不见古时月，今月曾经照古人。"

李白酒喝得雅致，诗写得不费劲，只是用现在的话说，有些"不成熟"，自以为了不起，好跟政府要性子。说话口吃，谈古论今不如司

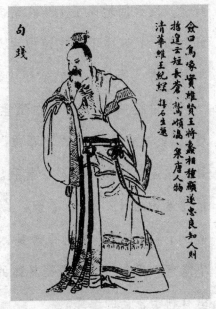

勾践像。勾践，春秋时代后期越国的君主。春秋末期，吴国征伐越国，越国战败。勾践及王后及几乎所有大臣入吴为奴，受尽凌辱而不屈，他奇迹般回到越国后，卧薪尝胆，励精图治，最终灭吴。勾践的做法是《周易》"升而不已必困，故受之以困"思想的具体体现

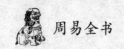

马迁，问天问地比不上生在南国蛮荒时代的屈原，见人就红脸，拉家常不如吃辣椒吞大块肉的苏东坡，英文没学好，讲《周易》自然不如从美国回来的我。

李白把明月呼作"白玉盘"，现代人所说的"困难"，就是古人所说的"蹇难"。有道是："困难像弹簧，你强它就弱，你弱它就强。"不见古时月的令人主张迎着困难上。然而《蹇》卦卦辞张口就说："利西南，不利东北"，意思很清楚，处在蹇难的时候，绝对不能盲目行事，只应根据具体的时间、条件和环境，作出有利于自己的选择。

《蹇·象传》说："见险而能止，知矣哉！"——明智的人不会昏天黑地乱闯。什么"明知惊涛骇浪险，偏向风波江上行"，"时代的弄潮儿"，不怕杀头，不怕坐牢，不怕离婚，不怕破产，不怕开除什么什么"籍"等等之类，大约都不在"知矣哉"之列。蹇难在前，路子走不通，那就干脆退回来。

初六爻辞"往蹇，来誉"，《小象传》："宜待"，九三《小象传》："'往蹇来反'，内喜之也"，都是说蹇难在前，宜退不宜进。所谓"宜待"，含义很清楚：用来战胜困难所必需的人力物力积聚得还不够，对我们不利

82

的客观形势还没有发生变化，像打仗一样，最好耐着性子等待有利时机的到来。

《蹇·大象传》说："山上有水，蹇；君子以反身修德。"——处在蹇难的时候，应该诚心诚意地进行自我反省，不要张狂，不要怨天尤人，不要大呼"非战之罪"，老子也罢，小子也罢，都不可能一贯正确。

当然，"今月曾经照古人"，看在明月的面子上，今人古人也不应该老是处处作对。"有困难找警察"，这话是对的。不过说到底有困难还是应该找领导，凡是重要的事情各级领导都会抓，一把手二把手抓的事情最重要！《蹇》卦讲济蹇之道，特别突出了大人物。

卦辞说："利见大人，贞吉"，看来"领导是关键"这个话早已是传统文化。领导不仅是克服困难的关键，而且是团结众人、同舟共济的核心，九五："大蹇，朋来"，是对这个原则的正面说明；上六："往蹇，来硕；吉，利见大人"，是对这个理论的侧面论证。

用现在的观念来表达，克服困难还应该处理好高层领导和中层干部之间的关系。"王臣蹇蹇，匪躬之故。"六二与九五遥相呼应，一个居于指挥中枢，一个在前方受命，干部贤能，任劳任怨，出生入死不为私利，事实

上他们已经成为克服蹇难的决定因素。

本卦除初爻而外，其它五爻阴位居阴，阳位居阳，皆当正得位。得位居正，众志成城，这是正家邦、济蹇难的又一个有利条件。

《蹇》卦喻示行走艰难：前往西南平坦之地对自己有利，步人东北崎岖之境对自己不利；往见尊贵的大人物，贞正吉祥。

《象传》说：前有阔水，后临高山，一人一马，立在中间。"蹇"之大意，是说行走艰难；看见坎险在前而能止步，真是明智啊！为什么说："前往西南对自己有利"呢？这是因为西南方坤阴柔顺，地势比较平坦，恰当进退维谷、举步维艰之际，选择西南方向比较适中稳妥，没有躁动犯难、盲目冒进的毛病。

为什么说："前往东北对自己不利"呢？东北方乃是干阳刚健之地，山多地险，处蹇运而再人艰险崎岖之境，那便真是陷入绝境了。"有利于往见尊贵的大人物"，当天下处在蹇难的时候，只有天纵圣明才能齐协万众之力，通举贤能之志，最终成就克阕天下巨蹇之奇功；"贞正吉祥"，这是说众贤良在大人物的统帅下，能够齐心协力，排除万难，端正国邦，彻底改变蹇塞困顿的局面。处蹇难而能采用正确的方策来应对蹇难,这是多么有意义的事情啊!

《蹇》上卦是坎,下卦是艮,坎为水,艮为山,山是岩险,水的阻难,"山上有水",进一步增加了行走的艰难;又艮为止,坎为险,见险在前,停步反思,君子所以明白了发生困难的缘由,从此更加虚心地修养自己的德行,振奋精神,齐心协力,努力完成救世救民,解除时蹇的大任。

"前进遇险而不盲目冒进,退归原处获得赞誉",往前进发遇到险难,并不急躁冒进盲目犯难,而是平平静静退归原处,以便从长计议,所以获得了人们的赞誉。

这样做,显然说明她在寻找并等待利于自己前进的好时机。

"臣仆们奔走济难献身王事",家国处在蹇难的时候,君王处于中枢,不能巨细亲躬,臣仆们奔走济难,不是为了自己的私利,而是在献身王事。

这说明对君王忠心耿耿,身命毅然置之度外,已经达到了鞠躬尽瘁的境界。

"行进遇到险难而复返原处",往前行进,蹇险就在前面;那就知难而退,返归原位。这个明智的决定,使

他内部的众人非常欢喜。

《小象传》说："进也蹇难，退也蹇难"，——进退维艰左右为难，六四处在这样难心的时位上，也不是她妄作妄行自招的啊。

《小象传》说："在最蹇难的时候，朋友前来相助"，处在最为蹇难的时候，朋友们纷纷前来赤诚相助。这说明临大难却依然能够保持阳刚中正的崇高气节。

"往前行走，蹇难在前，归来可建大功"，这是说上六的抱负是力图将内部的力量联合起来，以便共同克济蹇难；"有利于往见尊贵的大人物"，这是说上六能够跟从尊贵的君王。

善静和尚27岁的时候，弃官出家。他去乐普山投奔元安禅师，

禅师令善静管理寺院的菜园，在劳动的过程中修行。

有一天，寺内一位僧人认为自己已经修业成功，可以下山云游了，于是就到元安禅师那里向他辞行。当然，下山是要等到禅师的批准的。

元安禅师听了僧人的请求，笑着对他说："四面都是山，你往何处去？"

僧人无法想出其中蕴涵的禅理，只好转身回去。

那僧人无意中走进了寺院的菜园子。

善静正在锄草，看见僧人愁眉苦脸的样子就惊讶地问："师兄为何苦恼？"

僧人就将事情的来龙去脉一五一十地告诉了他。

善静马上想到"四面的山"就是暗指"重重困难"、"层层障碍"。元安禅师实际上是想考考僧人的信念和决心。可惜，僧人参透不了师父的旨意，于是笑着对僧人说："竹密岂妨

流水过，山高怎阻野云飞。"意思是：只要有决心，有毅力，任何高山都无法阻挡。

僧人于是就来到元安禅师那里，对禅师说道："竹密岂妨流水过，山高怎阻野云飞。"

僧人以为师父一定会喜笑颜开地夸奖他，然后准他下山，谁知元安禅师听后，先是一怔，继而眉头一皱，两眼直视僧人道："这肯定不是你拟的答案！是谁帮助你的？"

僧人见师父已经察觉，于是只好把善静和尚的名字说了出来。

元安禅师对僧人说："管理菜园的僧人善静和尚，

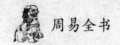

将来一定会有一番作为的！多学着点吧，他都没有提出下山，你还要下山吗？”

世上无难事，只怕有心人！世上没有不可逾越的障碍，关键在于自身，只要下定决心，一切困难都能迎刃而解。

其实有很多事是事在人为的，做什么事只要立场坚定、勇往直前，就能把事情做好。这正如高尔基说的“志在顶峰的人，决不留恋半山腰的奇花异草而停止攀登的步伐”，也就是说事只要有决心，就不会半途而废。

所以说人是能够掌握自己的命运，只要你朝着那个方向走去，无论有什么困难都坚持已见把拦路石搬开，等着你的将是美好的希望和美好的将来。

人生之路并不是坦途一条，获得幸福之路也不是通畅无碍的。人生有顺逆境之分，幸福的取得也有难易之分。但不管在怎样的条件下，人们都不应放弃对幸福的追求。在顺境中，人们以舒畅的心情谋求幸福，在逆境中，人们依然应当坚韧不拔，矢志不渝地追求幸福。幸福既可以在顺境中顺利地实现，也可以在逆境中艰难地获得。

一般来说，人们都希望一生顺利，平安地获得幸福。但现实往往并不尽如人意。人的一生中，既会有得心应手的顺境，又会有困难重重的逆境。我们争取处在顺境中，但也不应该害怕逆境带来的磨难，而应该公证地看待顺逆境。

顺境固然有利于事业的成功，逆境却能磨砺人的意志，激发人们克服困难，顽强进取。温室里的花朵经不起风雨地袭击；饱受风浪考验的海鸥却能够搏击海空。处在顺境中的人也许会虚度一生，处在逆境中的人却能够顽强奋进，取得辉煌的成就，获得更大的幸福。

相对而言，处于顺境中是幸运的，陷于逆境中是不幸的，是一种厄运。但幸运的好处是应当希望的，而厄运的好处是应当惊奇叹赏的。许多奇迹都是在厄运中出现的。用平凡的话来说幸运所生的德性是节制，厄运所生的德性是坚忍。

在理论上来讲，后者是一种更伟大的德性。幸福是《旧约》中的福祉；厄运是《新约》中的福祉；而厄运所带来的福祉更大。幸运并非没有恐惧，厄运也并非没有许多的安慰与希望。

在逆境中有安慰与希望，人们只要抓住这种希望，并把它当作动力，就能够在逆境中崛起。在逆境中善于

自处，锻炼自己的意志，就能够在逆境中奋起，越王勾践在国破家亡之后，卧薪尝胆，用艰苦的生活来磨练自己的意志，结果十年后一举灭吴。

当然，逆境确实容易使人消沉，丧失斗志，自认倒霉，结果跌倒后再也无法站起来，顺境有利于人们在良好的环境和心态下自由地正常发挥自己的才能，但也可能仅仅是正常而已，也许有时连正常都达不到，因为顺境容易消磨人的斗志，使人养成懒惰的习惯，从而平平常常，无法杰出。

因此对顺境和逆境的辩证看法应当是，顺境会使人们获得幸福，但也容易使人在得到暂时的幸福后不再有所追求；逆境会影响人们正常地实现幸福，但如果保持坚强的意志，奋力拼搏，顽强奋进，也许能够使自己的能力得到超常发挥，获得更令人陶醉、令人神往的幸福。

坦言消解芥蒂

原文： 或锡之鞶带，终朝三褫之。

释义： 或许能够得到赏赐的显贵服饰，但在一次的朝见中就多次被剥夺。

释例：有人总误认为在争讼中取胜是英雄的象征，可以得意忘形。其实，争讼失败的一方固然感到冤屈和沮丧，但争讼胜利的一方同时也不是滋味。俗话说："赢了官司输了钱"，"打官司是打气受"。可见争执毕竟不是好事，能避免的当尽量避免，能化解的应尽量化解。

你肯定会遇到你的领导对你发脾气的时候，如果这个脾气发的对，你就必须承认错误并且作出该如何去改正或提高的承诺，而不是对你的错误进行辩护。我们在电视片上也会经常看到这样的情形，当一个职员犯了错误而又想辩护，领导则会毫不客气地说道："我不希望听你解释。"因为这时领导最希望看到的是你能弥补过失，把公司所损失的利益追回来。如果他的脾气发的不当，你可以给他指出并且向他把事情解释清楚，告知他不应当对着你发脾气。

而且，你这样与他达到谅解后还可以为他提供一些解决问题的建议。

在社会中与人相处既需要技巧而且要有艺术性。技巧通过学习可以得到，但艺术性则是一种长期的素质，是作为一名学者、一名教练、一名领袖、一名核心人物

或一名举足轻重的权威人士要具有优良的素质。有一些领导比其它人要好一些,他们有很多优点,但所有的领导都有缺点。而在现实中,往往会因为这些缺点而导致上下级之间的争执,如果这种争执发展下去,将会直接冲击企业或单位的利益。这时,只要某一方,当然最关键的是领导方主动承担责任,主动与对方交换意见,自然会息弭纷争,消解芥蒂,这自然是十分有利的结果。

强强联合竞争中的合作

原文:外比之,贞吉。

释义:在对外交往中互相信任,亲密团结,尽力辅佐贤明的君主,其结果是吉祥的。

释例:表现在企业、单位与社会的和,横向联系的和,是十分必要的。当今世界呈现多极化,经济全球化,企业与企业之间,都在热衷于"强强联合"和"精诚合作",正体现了这一历史潮流的特点。

拿破仑·希尔在讲到合作时举了个生动的例子,他说,挪威的海岸外有一处世界上最著名及无法抗拒的大漩涡。这个永不停止转动的大漩涡十分可怕，任何人只要被卷了进去，就再也无法逃生。

同样的，那些并不了解"团结合作"努力原则的人，也正在向着生命的大漩涡前进，他们必然也会遭遇不幸的毁灭。在我们生存的这个世界中，到处都可看到"适者生存"的证据。这儿所说的"适者"就是有力量的人，而力量就是团结努力。

很不幸的是，由于无知，或是自大，有些人因而误认为自己能够驾驶脆弱的小帆船驶入这个危险的生命海洋。这些人将会发现，有些漩涡比任何危险的海域更要危险万分。大自然所有的法则与计划，都是建立在和谐与合作的基础上，世界上所有的领袖早就发现了这个伟大的真理。

当人们处于不友好的状态时，不管是在何处，也不管矛盾的性质及原因是什么，我们都可以发现，在"战场"附近都有这样的一个大漩涡在等待着这些"战斗"人员。

只有通过和平、和谐的合作努力，才能获得生命中的成功。单独一个人必定无法获得成功。

即使一个人跑到荒野中去隐居，远离各种人类文

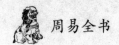

明，然而，他仍然需要依赖他本身以外的力量来生存下去。他越是成为文明的一部分．越是需要依赖合作性的努力。

不管一个人是依靠白天辛勤工作维生，或是依靠利息收入过活，只要他能够和其它人友好"合作"，他的生活就可以过得更为顺心一点。还有，其生活哲学以"合作"而不是以"竞争"为基础的人，不仅可以比较容易过日子，以及获得舒适豪华的生活，也将享受到额外的"幸福"，而这是其它人所永远享受不到的。

凭着上帝之爱心啊

原文：有孚，血去惕出，无咎。

释义：具有诚实守信的德行，互相信任；抛弃忧患意识与戒备心理，这样就没有灾祸。

释例：当合作双方发生分歧或利害冲突时，惟一的办法是"有孚"，即以诚信去感动对方，取得对方的信任和理解。

拿破仑·希尔幽默地讲述过一件他个人的这方面经历，事情是这样的：

有一天，拿破仑和办公室大楼的管理员发生了一次误会。这场误会导致他们两人之间彼此憎恨，甚至演变成一种激烈的敌对情形。这位管理员为了显示他对拿破仑的不悦，当他知道整栋大楼里只有拿破仑一个人在办公室中工作时，他立刻把大楼的电灯全部关掉。这种情形一连发生了几次，最后，拿破仑决定进行"反击"。某个星期天，机会来了，拿破仑到书房准备一篇预备在第二天晚上发表的演讲稿。拿破仑刚刚在书桌前坐好，电灯熄灭了。

拿破仑立刻跳了起来，奔向大楼地下室，拿破仑知道可以在那儿找到这位管理员。当拿破仑到达那儿时，发现管理员正忙得很，管理员把煤炭一铲一铲地送进锅炉内，同时一面吹着口哨，仿佛什么事都未发生似的。

拿破仑立刻对管理员破口大骂。一连五分钟之久，拿破仑以比那个锅炉内的火更热辣辣的词句向管理员痛骂。

最后，拿破仑实在想不出什么骂人的词句，只好放慢了速度。这时候，管理员站直了身体，转过头来，脸上露出开朗的微笑，并以一种充满镇静及自制的柔和声调说道："呀，你今天早上有点激动吧，不是吗？"

　　管理员的这句话就像一把锐利的短剑，一下子刺进拿破仑的体内。

　　想想看，拿破仑那时候会是什么感觉。站在拿破仑面前的是一位文盲，管理员既不会写也不会读，但虽然有这些弱点，管理员却在这场战斗中打败了他，更何况这场战斗的场合——以及武器——都是拿破仑自己所挑选的。

　　拿破仑暗自想着：我的良心以谴责的手指对准了我。我知道，我不仅被打败了，而且更糟糕的是，我是主动的，而且是错误的一方，这一切只会更增加我的羞辱。

　　我的良心不仅在指责我，更在我脑海中安置了一些十分令我难堪的念头，它嘲笑我。我站在那儿发呆。我自夸是个高深心理学的学者，是"黄金定律"哲学的创始人，精通莎士比亚、苏格拉底、柏拉图、爱默生等人的作品，还有圣经；而站在我对面的这人对文学及哲学一无所知，而他虽然缺乏这些知识，却在这一次的口语之中把我打得惨败。

　　拿破仑转过身子，以最快的速度回到办公室。他再也没有其它事情可做了。当他把这件事反省一遍之后，即刻看出了自己的错误。但是，坦白来说，拿破仑却很不愿意采取行动来化解自己的错误。

拿破仑知道，他必须向那个人道歉，内心才能平静。最后，拿破仑下定了决心，决定到地下室去，忍受必须忍受的这个羞辱。这个决心并不是很容易下的，拿破仑更是费了很久的时间才达成决定。

拿破仑开始往地下室走去，但这一次比上次走得慢了很多。拿破仑不断地在思考，应该如何进行这第二次的行动，以便把羞辱减到最低程度。

拿破仑来到地下室后，把那位管理员叫到门边。管理员以平静、温和的声调问道："你这一次想要干什么？"

拿破仑告诉他，"我是回来为我的行为道歉的——如果你愿意接受的话。"管理员脸上又露出了那种微笑，他说："凭着上帝的爱心，你用不着向我道歉。除了这四堵墙壁，以及你和我之外，并没有人听见你刚才所说的话。我不会把它说出去的，因此，我们不如就把此事忘了吧。"

这段话对拿破仑所造成的羞辱更甚于他第一次所说的话，因为管理员不仅表示愿意原谅拿破仑，实际上更

表示愿意帮助他隐瞒此事，不使它宣扬出去，以对他造成伤害。

拿破仑向管理员走过去，抓住他的手，和他握一握；拿破仑不仅是用手和那人握手，更用自己的心和他握手。在走回办公室的途中，拿破仑感到心情十分愉快，因为他终于鼓起勇气，化解了自己所做错的事。

做事有始有终的人才有成就

原文：君子有终。

释义："君子"指有修养、有作为的人，"君子有终"指人必须有所坚持，历来成大事者都是有始有终的。

释例：人们做事情，总是在快要成功时失败，所以当事情快要完成的时候，也要像开始时那样慎重，就没有办不成的事情。

老子依据他对人生的体验和对万物的洞察，指出"民之从事，常于几成而败之。"许多人不能持之以恒，总是在事情快要成功的时候失败了。出现这种情况的原因是什么？

老子认为，主要原因在于将成之时，人们不够谨慎，开始懈怠，没有保持事情初始时的那种热情，缺乏韧性，如果能够做到"慎终如始，则无败事"。

老子认为，一个人应发挥智能或技能的最佳状态，只有在心理平静的自然状态下才能做到。总之，在最后关头要像一开始的时候那样谨慎从事，就不会出现失败的事情了。

现代心理学证实了这一名言。世界上多数伟大的科学家，其智力与我们这些凡人并没有什么两样，他们成功的秘诀是具有超越凡人的非智力因素：强烈的事业心，吃苦耐劳的干劲，尤其是持之以恒的毅力和善始善终的精神。

追求的目标越远大，所要付出的劳动就越多，所要进行的时间也越长，而且，有些工作越到后来难度越大。开始完成的多是些外围或简单的工作，到接近尾声时剩下的都是些硬骨头，这时就更需要热情、耐力和毅力。

但事业的可悲和不幸往往就出在这儿：许多人在事业开始时劲头十足、热情也高、精力集中，随着困难的增大和时间的拖长，越到后来就越气馁，越到最后就越

粗心，事情快要办成了却甩手不干了。就像爬山的人快要到达无限风光的顶峰，却因腰酸腿疼而突然止步，转脸向山一卜逃去。

多可惜！

在拳击比赛时，对手双方开始是明来明去的较量，慢慢双方都想暗地里伤害对方。打麻将开始是大家在一起寻开心，输了几着以后就开始怒目而视甚至拳脚相向，由开心变成了伤心。许多情人或夫妻起初爱得死去活来，最后两人都恨得咬牙切齿，有的人年青时是时代弄潮儿，到老来却成了历史的绊脚石……人类诸如此类笑着出去哭着回来的事举不胜举，看来，好的开头不容易，好的结局就更难，所以英国人说："谁笑到最后谁笑得最好。"

忍的意义为忍苦、坚忍。所谓"头悬梁，锥刺股"，就是说的这个忍字。老百姓说，吃得苦中苦，方为人上

文王九卦处忧患图，出自元·胡一桂《周易启蒙翼传》

人；又说，九十九拜都拜了，还有一拜不上头，也是强调这个忍字的重要。我们要做成一件事，无不有许多困难，如果不能忍，中途退步，就会前功尽弃。尤其生而为人，能够善始善终地在天地间做一番事业，更是需要数十年坚忍不拔地努力。

就拿读书治学来说，十年寒窗，考个大学已是不易，不过大学加四年，也只是摸了个门，知道了在何处起步而已。要想有所建树，还有九十九条河，九十九道坡，非有一种忍劲不行。外交谈判，有时也是靠这一个忍字。左右应付，来往辩难，就是不让步，坚持到最后一分钟，忍过来了就胜利了。

其实，你来到人世带来希望，需要无限的耐心等待长大成人。父母相信自己才会相信你，正是因为父母的自信才能维持对你的希望寄以无穷的耐心。有一天，父母失去了自信，你的成长会受到影响，如果父母同时失去对你的希望，他们也没信心对你负责任，你就会被遗弃或成为别人的孩子了。

人生活在自信和希望之中，当失去自信时还有希望，当失去希望时，靠责任和义务来支撑。当你自信的时候选择了希望，也同时选择了责任，你的付出会得到

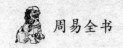

快乐，如果只有痛苦的时候，靠的是耐心。痛苦是难免的，痛苦的结果是绝望，当极度绝望的时候靠的是希望的来临，或者是渴望一线希望的光芒。

随着人的成长，你会发现很多事情是周期性的。当你付出努力后希望结果的时候，需要的只是耐心。当你绝望的时候，已经是到了运气的底部，一个转折点，在坚持一下，你的运气就开始回升了。

也许回升的过程不会一下到顶，但你又看到了希望。有希望的时候，你又会有耐心。当绝望的时候，你会失去耐心。你的运气由坏变好的转折点也仅仅再需要把一点点绝望变为希望，把一点点无奈变为耐心。

乌云的后面是蓝天，不管乌云挡住你的视线有多久，只要你有相信蓝天（希望），总会有云开日出。耐心来自于你要相信你的希望。你的命靠的是希望，你的运靠的是耐心，你的命运靠的是你的希望和耐心。

耐心是一种品德。除了先天的成分不同，后天的培养决定耐心的大小和程度。价值是靠满足需要体现的，包括物质和精神需要，具体在生理、心理、情绪、财务等方面。人们对有价值的对象赋予比较大的耐心。

大人应对小孩给以大一些的耐心，这也是锻炼和检验你耐心的时候。不过，这一点对多数人不难。对老人、病人和新来的人也应赋予耐心，这是需要学习和努力的，否则，世界上会多一些仇恨。当然，如果你充满爱心对人，也就有耐心了。

感情会影响价值。无论对人、事或物，一旦有了感情，也就赋予了价值，你会让自己更有耐心地去面对、等待。

人们为了实现价值会付出耐心。你爱上一个人，其为你终生所求，那么你要有无限的耐心。也许没有结果，但过程是由耐心铸成的。爱你所爱也无怨无悔了。

除了感情和爱以外的物质世界是工作和事业。你的事业成功能体现你的价值。在你成功之前，你愿意付出多少耐心取决于你的判断力和意志力。如果你相信你的判断并有足够的耐心，就不怕不能成功。短期内耐心取决于价值，长期来讲，耐心决定价值。

低调的"社会新鲜人"

原文：履道坦坦，幽人贞吉。

释义：走在平坦的道路上，仍如同隐居的人一样，

表现得安逸宁静，坚守中正原则，可以获得吉祥。

释例： 观察、判断有真才实学，且有办事魄力和志向的人，只要看他走路的样子，就像隐居的智者一样，安然宁静，言行中正。对这种人委以重任，必然会给一个群体带来福音。也许这是古人的观念，如今的我们交往却喜欢选择"新潮一代"、"社会新鲜人"。

所谓"社会新鲜人"，就是刚出学校校门的学生，比尔·盖茨认为他们热情高、干劲足。微软公司每年录用的新员工当中，这些初出校门的"社会新鲜人"所占比例高达80%以上。

这些初出学校的"新鲜人"，根本没有任何的负担和压力。有的只是一股对工作跃跃欲试的狂热。

而且他们通常也不会计较报酬，因此微软公司正是利用这些特点以低薪制先磨合试用。

微软公司宣称："微软公司成立于1975年，多年来在全球个人电脑软件市场居领导地位。其产品包括自个人至企业使用的各种软件产品与服务，并以创造更丰富的电脑应用软件为使命，为人类生活创造更美好的未来。"

微软公司让这些初出校门的"新鲜人"，从事最基

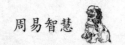

础的、技巧性较少的代码编写工作，这样不但能大大降低整个微软公司的产品开发成本。而且还为社会培训了一大批专业人才。

用真诚给友情打补丁

原文： 城复于隍。勿用师。自邑告命，贞吝。

释义： 城墙上的土又返回到壕沟里。不要动用军队。在自己的国度里发布告示，宜守持中正不变，防止发生悔恨。

释例： 本爻告诫泰已极，否将至，预势已经显现。如果从朋友的关系上理解，意思是说，关系已经闹僵，似乎隔阂已经形成。此时只有作为我们自己去主动承担责任，以化解眼前的矛盾。

当了解到双方隔阂的原因时，先要分析一下，这个原因本身。是不是包含由你自己的缺点所造成的因素。如果有，就应该敢于去改正它，而不要因为自己是领导，碍于面子而掩盖缺点。如果是其它原因，则要视情况而采取办法。

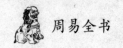

　　自己的缺点如果已经被对方诚恳的提出来了，而你又不想去改正，那么前面的一切思想交流将前功尽弃。

　　我们对言语固然很重视，但我们更要重视的行动。空口无凭，如果你不落实到实际的行动中，说了又有什么用？如果你还对自己的缺点无动于衷、遮遮掩掩、闪烁其词，那只能是欲盖弥彰，结果更坏。

　　在互相理解、充分交流之后，有必要再做一些增进感情的工作。就像一种慢性疾病在治愈之后，仍需要用一定的时间加以调养、巩固疗效一样。

　　你要选择一些适当的时机，比如他就要结婚了，你不妨在大喜之日带上一份贺礼，亲自前去表示一下祝贺。我们的到来，一定会使他倍受感动、倍加亲切的。原本还残存的一点儿心理隔阂，也会随着你的到来而彻底消除。

　　许多增进感情的工作，都需要平时抓紧一切时间去做，并要瞅准时机去做。不要在友谊出现裂痕时，再去做增加感情的工作，那时候已经迟了，也会让朋友认为你是一个只顾眼前利益的人。不被朋友怨恨，要从一点一滴做起，处理好自己与朋友的关系。

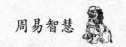

大事有原则，小事要灵活

原文：可小事，不可大事；……不宜上，宜下。

释义：做事没有原则，或者太坚持原则，两者都不可取。

人如果太固执，太偏执，就是道德与精神的不正。那些一味以为自己坚持原则的人，到头来一个拥护的人也没有，成了孤家寡人。

释例：《周易》节卦的卦辞里就说："苦节不可贞。"本来，节是可以亨通。因为水流人泽中，过度就会溢出。节制是一种美德。天地因为有了节，才有四时的生成；社会也因为有了节，才有了制度规则。但你一味节制，或者利用这种节制伤害人民，那就不可取了。

再比方，同是节卦的爻辞"不出门庭，凶"。它的"象"（其实原指意象，通"相"。一般人指看相的"相"）曰："不出门庭，凶；失时极也。"这里指的是懒惰与保守。该走出门庭的时候，你还没有走出去，极端地失去了时机。机会抓而不紧等于不抓。

再有，归妹卦的卦辞说："归妹，征凶，无攸利。"

坑弃万军

坑弃万军图，选自朱自清·马驼《百将传图》。在长平之战中，赵将赵括用兵不知权变，结果败秦将白起，赵括身死，四十降卒被抗杀。这是赵括没有把握用兵作战的原则性与灵活性相结合的夫则所致

这里说的，嫁妹凶（春秋时期，有正夫人的妹以介妇的名义，与妹一起出嫁，这叫"从嫁为妾"的风俗，两女一夫。但妹的行为要有所规范，在姐之下）。妹嫁了，为什么凶？这里面的一个爻象：妹主动向男的行动，有违妇随夫唱的原则。一说，则是指男的入赘到女方家里。

这里的例子，可以粗置，它主要讲了一个如何对待原则和规则的事。有违原则和规则的事，前往必定是凶，不会吉。

中正，原则，而又灵活。这才是人的道德与精神所在，是为人处世的本钱。任何僵硬，死守和贪欲，都是

一败涂地的根源。

如何将原则性与灵活性结合起来是一个说来容易做来困难的问题。在处理人际关系问题时要做到"大事讲原则，小事要灵活"。

其实，一件小事如果事关自己的品德、名誉、事业、前途，就是当然的大事。你不必为不能得到别人的尊重而黯然神伤，因为别人如何对待你，恰是你暗示别人可以那样对待你的——你的谦卑与忍让的心理都会一览无余地写在脸上，让人家可以不考虑是否会伤害你；相反，人的独立和尊严，也会以不可忽视的神韵令人敬畏，从而对你不敢胡为。

有原则的人，行事果断，宽宏大量，有一种独立、有个性、魅力的感觉。没原则的人，表现出斤斤计较、忧柔寡断、瞻前顾后，让人感到愚俗而不可靠。

宁缺毋滥是一个原则，非精品不看，非极品不要。坚持这种原则的精神难能可贵，表现给人看的也许是清高自傲、高处不胜寒；倒给别人听的多是无奈、曲高和寡。身心感受的是若即若离的情感，结局多是人独自消瘦，无助于人。当然，也确有奇人雅士，象海鸥一样，洁白无杂，不落平地，能盘旋高空，煞那间直入水下，

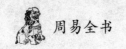

只食活鱼。

爱我所爱是一个原则，美丽、可爱、有个性、可心、有感觉、有灵犀、够勇敢，足以让我心动。我必用所有特长、心机去赢得所爱，纵然伤痕累累，也在所不惜。有心机的人，对自己向往的生活和伴侣都有个模式，故会有执着的心和不屈不挠的精神。通往目的地的路是连续的，也许有些弯曲、迂回，但大方向是一直往前的。选择爱侣相信一见钟情，不落俗套。

生活的轨迹浪漫离奇，即使平淡，也会无以伦比。也许象雄鹰，眼神俯视，展翅苍劲，从不言败，所向披靡。也许似天鹅，眼神忧郁，飘游儒雅，临终的呐喊告知天下失去爱的无奈。

原则象路一样，有人沿着修好的路走，有人要走出自己的路。可爱的人不一定需要坚持原则，可敬的人离不开原则。不计较、易妥协、大智若愚的人是可爱吧，那是你没有违犯其根本原则；当你的为所欲为让其不高兴时，你会体会到其威严让你敬畏。

做人应该有原则，不要严酷得让人望而生畏，也不要和蔼得让人胆大妄为。

大事有原则，小事要灵活，为人处世，就是不能拘泥形式的，该圆时圆，该方时方，需要有任意形状时，也无不可，这样才能做到圆润通达。

方圆的意思，就是中规中矩，它们是在圆规和矩形板的限制下画成的图形，代表着做人行事的基本规则。但同时，由于世事的千变万化，人的多样面孔，一个人为人处世总要能与外界相适应才成，一个面孔对外，完全的规规矩矩，一成不变，就会拘泥不化，作茧自缚。

孙武呕心沥血，着成《孙子兵法》，然而每次作战却都要脱离兵书，注意权变。赵括用兵，依葫芦画瓢，死守兵法规则，不知融会权变，20万大军战败被活埋，是势成必然了。

辩证法认为，任何事物的发展都存在着必然性和偶然性，二者是相互统一的。必然性是本质，构成了事物发展的规律、规则和趋势；而偶然性则是事物发展中某一时空的具体行为，具备千变万化、灵活多样的特性，忽视偶然性的存在也就忽视了事物的个性，世界就会停止。孙武的用兵，能将规则的必然性与战术运用的偶然性灵活地结合起来，因而百战不殆。赵括的用兵则死守规则的必然性，因而只能纸上谈兵，一战而殁。

俗话说："识时务者为俊杰"。所谓"识时务"，即

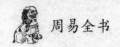

指能够把握事情发展的规则，能够洞察当时的情势，并能据此结合自己所处的境地，采取权变之策，集天时、地利、人和优势，发挥自己的聪明才智，义无反顾地投入到社会发展潮流中开创一个崭新的天地，这样的人，才能称之为俊杰。

规则源于生活，生活的多姿多彩也要求采取规则行事的灵活性。

张弛有度，本色待人

原文：有命无咎，畴离祉。

释义：奉行天命，替天行道，开通闭塞，没有灾祸，大家互相依附都可以获得福分。

释例：清楚地认识自己的力量而不被小人所迷惑，同正直的人团结在一起。

同你有意见的人，突然向你阿谀奉承，诸般殷勤，时常找你亲聊或者共进午餐，你一定有点不知所措。

最聪明的办法是，一方面采取低姿态，对他的饭约有拖无欠，谈话也以"应酬"待之。另一方面，不妨向其它的朋友打探一下，看看对立面最近的动态。

如果对方原来抛弃前嫌，那就易办。因为他的目的只为化敌为友，以便为未来铺路，害怕"山水不相逢"。你的反应也该热情一些，过去的过节忘了吧，只须记取对方的为人和行事作风，以作规诫就够了。甚至你可以反过来做东，请他吃一顿，作为饯行也好，联络感情也好。

要是对方最近很得意，那么他一定是在为将来打算，或许会与你有更多合作机会，又或者连你也有升迁机会也说不定。总之对方的地位高了，你自然更要带眼镜走路。对方既主动对你友好，切莫"拒人于千里之外"。但也不必过于热情，保持你一惯的作风，偶尔与他一聚就够了，以免被人误会你在拉关系。

骄傲，行动的资本

原文：无交害，匪咎，艰则无咎。

释义：不相互往来，彼此没有伤害，也就不会有灾祸。保持艰苦奋斗的精神，可避免灾祸。

释例：才华过人容易使人骄傲，惹人忌妒。可是有才华，无人援引，还是不能出人头地。所以，由此而自

卑，甚至自暴自弃又是另外一种悲剧。从这种竟义上说，骄傲并非完全是坏事，骄傲是要有资本的，没有资本的骄傲是一种狂傲和轻薄，以才华做资本，便值得骄傲，这种骄傲是一种自信，一种自尊，一种凌云的志向，这有什么不好呢？有位成功的人士曾经说过："我就喜欢这样的人，不要怕别人骄傲，就怕你心里容不下别人的骄傲，说穿还是自己交往处世的短视。"

大体来看，循规蹈矩的人比较受欢迎。因为，这些人有一定的社会阅历，熟悉社会的情况，了解一些人的习惯与脾气，思路往往容易沟通，同这样的人相处起来得心应手，这些人一般不犯大错误，他们的作风严谨而审慎。

在具有挑战性的当今时代，更需要具有挑战性的人。这些人所具备的特点是：不满足于现状，总在寻求新的开拓与进取，对现成制度与做法敢于做大胆的改革、完善的处世。他们是"恒保野性，具有挑战意识的野鸭"，他们是我们社会交往中不可多得的朋友。

道理很简单，野鸭是可以驯服的，而没有野性的鸭子，则难以飞往远方。作为我们有了这样的朋友，就可以让他们发挥自己的创新特长，就能使自己在交往中得

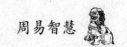

到很大的提高，也会对我们的事业有极好的帮助。

如果我们都是些唯唯诺诺、不敢越雷池半步的平庸的朋友，要么生活总是平淡如水，毫无新意；要么在事业上"推一下，转一下"，不能为自己的有所帮助，还将自己拖累了。

谋事在人成事在天

原文：推天道以明人事。

释义：谋事在人是说人的行为和努力，成事在天是说人的意念和期盼。前者是有形的，外在的，后者是无形的，内在的。有些人比较在乎意念的力量和作用，有些人并不是不在乎，而是尚未意识之，或尚未领悟之，或尚未实践之。

释例：虽然古语有"谋事在人，成事在天"，但是关键还是在人。易学论天（包括天地），主要是讲自然界的规律，易学论人，则认为人是自然的产物，人类社会是自然发展的结果，人与其事物不一样，他有复杂的思维能力，他有智能，所以只有人才能与天、地配成三才。

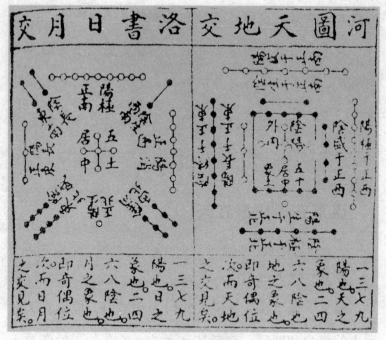

河图天地交图、

洛书日月交图，出自明·来知德《易经来注图解》

人类必须遵循自然规律，效法自然规律，所谓要
"推天道以明人事"。如谦卦有"天道亏盈而益谦，地
道变盈而流谦，……人道恶盈而好谦"，这是教人效法
天道，加强道德修养，树立好的品性。

旅卦说："山上有火，旅，君子以明慎用刑，而不
留狱。"这是教人效法，谨严礼仪法度，正大光明，治
理好国家。由于天人之间有共通规律，所以人道可以效
法天道，如人的道德行为，生活习俗，以至于社会制

度，治国方法，用兵原则等等，都可以效法天道，按照自然规律进行。但八卦在效法天道的同时，大量论述的是人谋之事，讲人的地位和作用，讲人的成就，讲人的努力，即所谓谋事在人。

人的努力表现在几方面：第一，干卦强调"自强不息"。第二，系辞还强调"穷神知化"。第三，系辞还指出"裁成相辅"。即言要有所作为，遵循自然规律，从而与天地协调；又要在遵循固有的基础上，加以辅助、节制和调整，使其更加符合人类的要求。

当然，卦辞、爻辞只体现了他们对事物判断的可能性，每一卦辞和爻辞都不把问题表示得绝对，都是大概如此。必须引而伸之，触类而长之，即要触类引申，举一反三，善于联想，善于归纳出原因，以便于去改变环境，趋吉避凶，这就是谋事在人。

事物的变化是由大量随机的、偶然的因素作用的结果，当变化参数达到一定的阈值即临界点时，或趋好，或趋坏，或成或败，意念的法码会使"天平"倒向你。

"谋事在人，成事在天"，谋事在人是说人的行为和努力，成事在天是说人的意念和期盼。前者是有形的，外在的，后者是无形的，内在的。有些人比较在乎意念

的力量和作用，有些人并不是不在乎，而是尚未意识之，或尚未领悟之，或尚未实践之。

意念是把一个人所有的精力、气力都向一个点上凝聚，把意念的信息刻划在内心，并转化为某种信息场、意念场向外传递，去影响相关的人与事，甚至能使客观对象的行为向对意念者有利化的方向转移。

意念的效果与意念者的修炼水平、专注程度相关，与意念者对宇宙和人生本质的领悟深度有关。一个人期望每件事都能够如愿以偿，心想事成，单靠意念的力量是不够的，它需要不懈的追求和努力。

当念力与努力交互时，幸运之神就会伴随你左右。意念的力量是神奇的，只要你深信之，它的力量就会变得更神奇。

幸福绝不是天地鬼神赐给的，但其灾祸和痛苦却不是公由个人造成的。祸也好，福也好，一切都有主客观两方面原因。自然灾害、大规模战争可能无法抵御，但个人的幸福、祸患都要靠自己去追求、去抵抗。要顺其自然，就得面对现实，相信"是福不是祸，是祸躲不过"。灾祸面前能自持，经得起、顶得住，摊上了，听天由命，慨然以对，寻死觅活不值得；幸福突然来临，

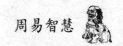

也不必太兴奋，乐极生悲。

在福与祸这对矛盾中，要做到顺其自然，就得想得开，看得透。有时候想开点，看透点，就是福；想不开，就是祸。福也好，祸也好，仅仅就是一念之差，一时冲动，自己毁了自家的幸福，招来了杀身之祸。

在幸福与灾祸这对矛盾关系的处理上要注意以下几点：

首先，要把幸福的标准定在一个合乎客观实际的位置上，总的期望值可以很高，可实践起来万不可以一步登天，要懂得和学会"积"，积小成大，积少成多，逐渐积累。一个个小的满足，就会积累为一个大的幸福；眼前的目标实现，就会逐渐实现一个长远的永久的目标。期望值越高，对实现状况越不满意，心情就会越浮躁，轻者伤身劳神，重者招来横祸。

其次，要善于寻找自我平衡。什么事摊上了躲不过，就得往处想、往前看，别钻牛角尖、死胡同。就拿教子而言，孩子还小，未来政治家机会弥补，就算儿子成不了大器，也可能成个小器；还有大器晚成的，何必要一棍子打死？

谈恋爱也是这样，就算终生遗憾未遇到知音，你还

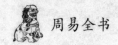

有别的事可弥补人生的缺憾。美满幸福的婚姻可遇不可求，何况幸福的内涵是广博的，绝不仅指爱情的弥心称心如意。再说："强扭的瓜不甜"，绑成夫妻也不会幸福的。一切都顺其自然，看其发展，切不可浮躁强硬。再者，要摆脱愚昧，掌握科学，别太固执。要全身远祸，就得学点本领，盲目追求与愚极蛮干，必然闯祸。

人类掌握了科学，像地震这样的天灾就可以预报预测，提前做好防范；个人学点常识，也中抵御杀身之祸，比如家庭急救，路遇危急病人就不会慌乱。心气太盛，太讲究个人面子，最终只能落下个"死要面子活受罪"的下场。如果女儿一辈子不回家，他们则一辈子灵魂不安，备受煎熬。假如那孩子偶然闯出点名堂，对他们更是莫大的嘲讽。还是顺其自然，"吃点亏好。

墨守成规还是标新立异

原文：系小子，失丈夫。

释义：倾心随从于年轻小子，则会失去了阳刚方正的丈夫。

释例：有一种人，他们死死抱住以前的规矩，不敢越雷池一步。他们顽固地认为："这个方法5年前有效，现在当然还有用。"在他们眼里世界是静止的。

生活中绝大多数人都死守现状，从不付出，这种人是永远没有出头之日的。这其中很多人，你若想劝导他，他还会冷哼一声想反过来劝你呢。他们几十年守着同一个失败的模式，用唉声和叹气苦苦地度过了一生，他们总是慨叹命运的不公，总是埋怨机遇的偏心，总是从外在找借口，从来就没有真正反省过自己，从来就没有将自己的恶习改变过一丝一毫，从来就没有为自己的人生从正面做一点点建设性工作。

对于只会死撑的人来说，任何时候，生意都是难做的。因为经验与认识束缚了他。

有这样一个有趣的故事：

在同一个地方有两个报童。

第一个报童很勤

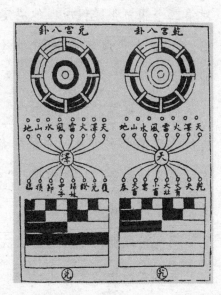

八卦加八卦方圆图，出自明·来知德《易经来注图解》

奋，每天沿街叫卖，嗓门也响亮，可每天卖出的报纸并不多，而且有减少的趋势。

第二个报童肯用脑子，除去沿街叫卖外，他还每天坚持去一些固定的场所，先给大家分发报纸，过一会儿再来收钱。地方越跑越熟，报纸卖出去的也就越来越多。

第一个报童很奇怪，为什么他卖得多而我卖得少，我比他卖报的时间还长呢？他向第二个报童请教，当他得知第二个报童运用了"先看报，后收钱"的办法后，对第二个报童很是佩服，他决定把这个地区的生意让给第二个报童，他不想抢第二个报童的生意，另谋职业了。

同一个地区，同一份报纸，读者也是有限的，但是有的人遵循着老方法，先给钱后看报，结果越卖越少；有的人肯动脑子，打破常规，"先看报，后收钱"，读者是跑不了的，钱却收回来了。

同一份职业，不同的脑袋决定了不同的口袋。

艺术大师毕加索指出："创造之前必须先破坏。"破坏什么？传统观念和传统规则。正所谓不破不立，只有拥有敢于挑战规则、打破常规的脑袋，才能有所作为，才能摆脱危机，才能获得无限商机，最终使自己的口袋装得满满的。

总之，谁因循守旧，谁就会被淘汰出局。

19世纪中叶，美国加州传来发现金矿的消息。许多人认为这是一个千载难逢的发财机会，纷纷奔赴加州。17岁的农夫大维也加入了这支庞大的淘金队伍。越来越多的人蜂拥而至，一时间加州遍地都是淘金者，金子自然也就越来越难淘。不但金子难淘，而且生活也越来越艰苦。当地气候干燥，水源奇缺，许多不幸的淘金者不但没能圆致富梦，反而葬身此处。大维和大多数人一样，没有发现黄金，反而被饥渴折磨得半死。

一天，望着睡袋中一点点舍不得喝的水，听着周围人对缺水的抱怨，大维忽发奇想：淘金的希望太渺茫了，还不如卖水呢。于是大维毅然放弃淘金的努力，将手中挖金矿的工具变成挖水渠的工具，从远方将河水引入水池，用细沙过滤，成清凉可口的饮用水。然后将水装进桶里，挑到山谷一壶一壶地卖给找金矿的人。

当时有人嘲笑大维，说他胸无大志："千辛万苦地赶到加州来，不挖金子发大财，却干起这种蝇头小利的小买卖，这种生意哪儿不能干，何必跑到这里来？"大

维毫不在意，不为所动，继续卖他的水。哪里有这样的好买卖——把几个无成本的水卖出去？哪里有这样好的市场？

结果，大多死撑的淘金者都空手而归，而改变方向的大维却在很短的时间靠卖水赚到6000美元，这在当时是一笔非常可观的财富。既然淘金无果，为什么不能改变一下赚钱的策略呢？

一个人如果没有具备适应变化的脑袋，必将难以在竞争激烈的社会中拥有财富。

你为什么是穷人，这是你必须正视的现状。由此回头看看走过的路，你就可能发现原来方向不对，有人说得好："换个方向，你就是第一。"因为大多数人都是一个方向，千军万马都一样的思维，一样的行为，是群盲，就像羊群一样。

许多人终其一生没有什么大的成就，一生碌碌无为，就是因为舍不得放弃机会成本去冒风险，结果到老时无限悔恨。

全球第二大软件公司"甲骨文"的行政总裁、世界第四富豪艾里森对此就有着深刻的理解。在美国耶鲁大学300周年校庆时，艾里森应邀参加典礼。当时，他当着耶鲁大学校长、教师、校友、毕业生的面，说出一番惊世骇俗的言论。他说："所有哈佛大学、耶鲁大学等名校的师生都自以为是成功者，其实你们全都是 loser（失败者），因为你们以在有过比尔·盖茨等优秀学生的大学念书为荣，但比尔·盖茨却并不以在哈佛读过书为荣。"

艾里森却又接着说："众多最优秀的人才非但不以哈佛、耶鲁为荣，而且常常坚决地舍弃那种荣耀。世界第一富豪比尔·盖茨，中途从哈佛退学；世界第二富豪保尔·艾伦，根本就没上过大学；世界第四富豪，就是我艾里森，被耶鲁大学开除；世界第八富豪戴尔，只读过一年大学；微软总裁斯蒂夫·鲍尔默在财富榜上大概排在十名开外，他与比尔·盖茨是同学，为什么成就差一些呢？因为他是读了一年研究生后才恋恋不舍地退学的……"

艾里森随后话锋一转，"安慰"那些自尊心受到莫大伤害的耶鲁毕业生，他说："不过在座的各位也不要太难过，你们还是很有希望的，你们的希望就是，经过这么多年的努力学习，终于赢得了为我们这些人（退学者、未读大学者、被开除者）打工的机会。"

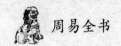

这番话令全场听众目瞪口呆，艾里森是不是太狂了，居然敢把耶鲁大学那些骄傲的师生称为失败者。是的，艾里森的话非常之偏激，但其中所蕴涵的道理却异常的深刻，世间有几人能够明白。我们身边几乎所有的人，都可能会有一种强烈的"身份荣耀感"，或以出生于一个良好家庭为荣，或以在大公司工作为荣，当然，不能说这种荣耀感是不正当的，可是，当我们正陶醉于自己的所谓的"成功"时，我们已经被真正的成功者看成了失败的人。

人生是被一个又一个亮点照亮的，而为了创造新的亮点，就需要你随时放弃你正在拥有或曾经拥有的荣光。所谓置之死地而后生的，其实就是把机会成本变为零甚至负数的策略，结果反能赢得战争。

人只有把过去的成功当作新的起点，才可能有更上一层楼的机会。一个人如果很有潜力与抱负，而现在又有点不大不小的成功，那么此人今后能否干出一番更大的事业，就取决于他敢不敢把现有的机会成本从主观上降低，甚至降低至零而做出新的选择。否则庸常生活会悄无声息地剥离成功者身上的光彩，消解他的英雄气，最终掏空了他的激情和想象力，使他变得萎缩、卑微和庸俗。

力不足不宜论技，技不熟不可论道。征服天下易，征服自己难。天自潇洒随己意，人又何故负今生？——在金钱面前多多理性地考虑一下成本，对你肯定是大有益处。要有长远的眼光，不要鼠目寸光——选择了一片树叶而放弃了整片森林。

有的人的财富装在脑袋里，有的人的财富装在口袋里，能让财富装满脑袋又能从口袋掏出财富的人才是真正的富翁。思路决定出路，观念决定贫富。做事先做人，做人做观念。观念变人就变。先知先觉是机会者，后知后觉是行者，不知不觉是消费者。

今天，许多人在苦苦工作、苦苦挣扎，其原因就是因为他们依然固执于陈旧的观念。他们希望事情都能原封不动，他们抵制任何变化。那些失去了工作或房子的人总在抱怨技术进步，或是埋怨经济状况不佳以及他们的老板，却没有意识到，问题的症结在于他们本身。陈旧的观念是他们最大的包袱，也可以说是最大的债务。为什么呢？原因很简单：他们没有意识到已有的某种思想或方法在昨天还是一种资产，但今天却已经变成了负债。

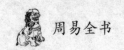
有天夜里，一支美国海军舰队在海上航行，观察哨发现正前方有灯光，可能是迎面过来的船只，便报告给舰长。舰长下令：通知对方，让他们改变航线，否则有相撞的危险。可是，用"灯语"与对方交流过后，马上观察哨又来报告说：对方传来的信号是，让我们马上改变航线。舰长一听就火了："什么？岂有此理！"舰长不可一世地说："告诉他，我们是美国舰队，命令他必须改变航线！"这样的"命令"发出后，得到的回应是："我是灯塔，请你立刻改变航线。"

通往财富的道路上问题很多，有的是"缺少资金"，有的是"缺少技术"。有的是什么都缺。不论是哪一种，面对这些问题，我们应该意识到：自我的改变才是非常重要的。因为你的改变肯定会影响到问题的改变。

珍惜时间，就是抓住当前

原文：君子以施禄及下，居德则忌。

释义：痛苦一再抚泪告诫我们，只有今天是属于我们，而明天则是上帝拥有。千万不要轻言放弃今天。

释例：时间对于每一个人，它会各具特殊的意义。

有些日子对于一般人来说，是平平淡淡的日子，却对一些人刻骨铭心。有一些时间段，使人痛苦，或使人快乐，但这一段过去，会恢复平静。所以，有一句话说，时间可以医治一切。人间的创伤，惟有时间与爱，才能抚平。

时间对于每一个人，都非常有限。如何更有效地利用，是每一个人面临的重大课题。但在这一方面，似乎我们都忽略了。

人类总是这样，总是热衷去关注别的东西，而不关注人类本身。

世间上最可宝贵的是生命，并且不能重复。而生命本身就是时间，珍惜生命就是珍惜时间。

珍惜时间，就是抓住当前。

毛泽东有一句名言：一万年太久，只争朝夕。

这句话的意义很好。可惜，在"文化大革命"时，大家都用这句话为自己的派别利益而斗争，搞"文攻武卫"。

抓住当前，这是一个成功的诀窍。

但我们要抓住当前什么呢？这是最重要的问题。因为我们往往抓住的都是似是而非的"当前"。

有一个故事，颇能说明这一点。

有一天，两师兄聊天。师兄石巩问师弟西堂智藏说："你能不能抓住虚空？"师兄为什么问师弟这句话呢？因为佛门中人最重要的事情，就是"万中皆空"，抓住了"虚空"，也就是抓住了"当前"，抓住了大事。

师弟说："能。"

师兄说："那你抓抓看。"

师弟说："好！"

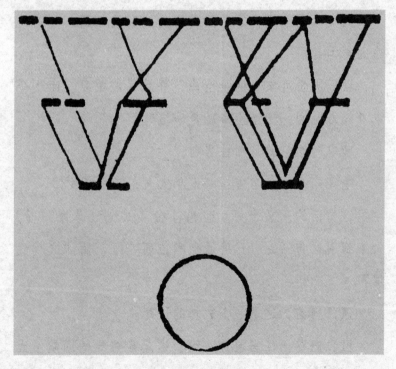

八卦小成图，出自清·陈梦雷《周易浅述》

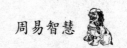

师弟说着，伸手在空中抓了一把，而且把五指紧紧捏住。

师兄笑了，说："只是这样吗？结果你并没有抓住什么呀！"

师弟不解，说："那么你认为应该怎么抓？"

师兄一把抓住了师弟的鼻子，并且用力，痛得师弟"哇哇"叫。

师弟喊："松开，快松开呀！痛死我了。"

师兄说："你懂得为什么抓你鼻子了么？"

师弟说："懂了，懂了！痛死我了。"

师弟那时其实还不懂。他只是怕痛。

师兄告诉他：既然色（我们通常说的物质）即空，空即色，那么与其伸手去扑过空，倒不如捏住你鼻子还更接近真实。

抓"当前"，其实要抓住事物的本质。

但我们日常生活中，有哪些事情，我们抓住了事物的本质呢？

兴修水利，我们首先想到的是红旗和锣鼓，我们抓的是声势和宣传；植树造林，我们首先选择的路段是领导经常走过的，我们抓的是上司的赞扬。我们规划自己

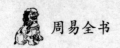

的人生，是看别人的脸皮，只要别人的脸面是笑的，哪怕牙齿被打得掉进了肚子里也觉得值。

我们都是一群半傻的人。本来是抓下巴的，抓到了胡子就以为是下巴了。

或者，我们根本不傻，抓下巴比抓胡子要多花力气，我们就干脆抓胡子了，省力，省事。

抓住当前，是人生的实在。

哲人说：因为我干，所以我充实；因为我干，所以我不用仰视。

古人说：临渊观鱼，不如回家织网。

等，只是空嗟叹！

《周易》说，抓住当前，还是要有一个万全之计。

《周易》的夬卦，是最能"抓住当前"的一卦。马上就要与小人决裂，作一个了断。抓的就是"当前"。但《周易》说，与小人决裂，处置他们，还要有一个万全之计。夬卦的卦辞说："夬，扬于王庭，孚号，有厉，告自邑，不利即戎，利有攸往。"意思是说，最急、最当前的事，处置起来还是要有原则：一是当众宣布他们的罪状，然后以诚信号召众人，合力将小人铲除；二是首先告知自己领地的人，先获得支持，即使有了支持也

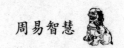

不可立即动用武力，这样才会有利。

小人虽少，但诡计甚多。事情虽急，但牵扯甚众。这是我们不能大意的。

抓住当前，切忌浮躁。

《周易》说，反目是睽。睽卦也是一个很急的卦。反目了，就会出现许多意想不到的事情。也是要抓住当前。

这个卦的上九爻，爻辞里说了一个故事：如果一个人刚愎不明，满腹狐疑，可能会导致孤立。就像一只猪，陷进了泥潭，背上涂满了污泥，人家看见以为是一车可怕的鬼，举起箭来就要射。但仔细辨认，那是一只猪，就把弓箭放了下来。

《周易》里这样说，这只猪虽然涂上了污泥，但依然是猪，不是鬼。就像被怀疑的同志，虽然让人猜疑，但还不是敌人。

睽卦的这一爻的爻象说：遇雨之吉，群疑亡也。那只猪遇到了雨，背上的涂泥被洗干净了，众人的猜疑没有了，吉祥。

抓住当前，除了解决实际的麻烦与问题之外，最高境界是求同存异。

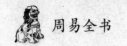
还是睽卦，它认为解决当前之麻烦，应有一个原则，那就是异中求同，结合力量，有所作为。

惟有宽大包容，才能异中求同，异中求同，是为了最大限度的团结力量，不得已的权变。但《周易》说，积极主动去寻求，并不违背原则。

猜疑，是抓住当前的大敌。

如果要更好地抓住当前，还得用毛泽东的一句话来作为篇末的结句："抓而不紧，等于不抓。"

"抓不住，空悲切，枉白首"。白白错失良机，而遗憾终身。

我们在古今的戏剧与艺术作品当中，可以看到马蹄疾驰，马背上的人气喘吁吁，冲着刑场高喊："刀下留人！"这是艺术，更是现实。因为现实的这一幕太感人了，所以被艺术定格了。人的生死成败，往往只差之毫厘。前一秒钟是人，后一秒钟是鬼。在生活当中，我们做人办事，有什么理由拖拉，松松不在紧呢？任何的拖沓，任何的放任，都是对人的生命的亵渎。

是的，时间对于人与事，是有一定期限的，超过了也就是延误了。

延误一般有两种。一种是不该相信的时候，一下子

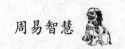

相信了，没有经过考察；一种是本该继续相信下去的，结果中途动摇了。

痛苦一再抚泪告诫我们，只有今天是属于我们，而明天则是上帝拥有。千万不要轻言放弃今天。

借题发挥，机不可失

原文：干母之蛊，不可贞。

释义：救治母辈所造成的弊病，要耐心等待，如果时机不成熟的话，就要坚守正道等待时机。

释例：借题发挥就是人们常用的一种抓住机会表达的切入方式，它借对方在说话中所提出的问题、理论或观点，来论证自己的观点和主张，以实现反击的目标，达到自己的目的。其好处是易于使人接受，常常起到绝妙的说服作用。

据说美国五星上将卡特利特·马歇尔（1880—1959）还利用借题发挥娶了一个漂亮的老婆——

事情的经过是，马歇尔在他驻地的一次酒会上认识了一位漂亮的小姐，酒会一结束，就请求一位小姐答应让他送她回家。这位小姐的家就在附近不远，可是马歇尔开了一个多小时的车才把她送到家门口。小姐于是问："你来这里不是很久吧？你好像不太认识路似的。"马歇尔微笑着借题发挥说："我不敢那样说，如果我对这个地方不熟悉，我怎么能够开一个多小时的车，而一次也没有经过你家的门口呢？"这位小姐听出了这位心慕已久的将军的意思，于是也"借题发挥"，干脆嫁给了马歇尔。

实际上，马歇尔是最初的出题者。

又比如："鱼，应该闭嘴。"

多嘴，当然容易上钩。贪嘴，也是容易上钩的。论辩中的诱惑太多，而且离不开言来语去，但我们还是以慎言为好——

一则笑话说，夫妇俩在钓鱼，妻子唠叨不休，把小鱼儿吵得四散而逃。一会儿，居然有一条又饿又呆的大鱼上钩了。妻子说："这条大鱼真可怜。"丈夫于是借题发挥说："是啊！只要它闭上嘴，不也就没事了吗？"

借题发挥要等待说话的时机。生活离不开借题发挥，离开借题发挥的生活是无趣的。

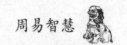

君子自强不息

原文：天行健，君子以自强不息；地势坤，君子以厚德载物。

释义：人不能有一分一秒的松懈，求学、做人、为道、为德，都应如此，还要"柔顺利贞，君子攸行"效法乾坤一样，天地一样的胸襟，包容万象，自强不息。

释例：母马和大地一样，逆风而行，就是地球与太阳之间的关系，地球是反太阳的方向运转，行地无疆，地球永远是运转的，马也是不休息的，马睡觉是站着的，懂得物理，这书中的味道就读出来了。像庙里为什么敲木鱼，因为鱼的眼睛不会闭上的，鱼是不睡觉的，所以敲木鱼是教学道的人，要像鱼一样，要时刻警醒。

行地无疆，也就是干卦"天行健，君子以自强不息"同样的道理。人不能有一分一秒的松懈，求学、做人、为道、为德，都应如此，还要"柔顺利贞，君子攸行"效法乾坤一样，天地一样的胸襟，包容万象，自强不息。

它是"奋斗"与"道德"的结合，它精辟地概括

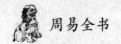

了中国文化对人与自然、人与社会、人与人的关系的深刻认识与辩证的处理方法，是中国文化优秀传统的集中表述。

做为一个高尚的人，在气节、操守、品德、治学等方面都应不屈不挠，战胜自我，永远向上，力争在事业与品行两个方面都达到最高境界。在做人做事方面应该顺应自然，胸怀博大，宽以待人，承担起宏伟的历史任务。

确实，数百年来"自强不息，厚德载物"的精神濡染着一代又一代的国人，为中华民族的崛起与腾飞而奋斗不止。走过了风风雨雨，有挫折、失败、艰苦，但更多的是胜利、超越与希望。

要干一番事业，首先必须自强不息，没有自强不息精神，就会怨天尤人、自暴自弃，没有自强不息的精神，就找不到前进的动力源泉。

只有自强不息，企业和个人才能树立远大理想和目标，才能在困难面前不退缩，才能具备忧患、危机意识，居安思危，时常考虑企业和个人所处环境，清醒地反思企业和个人的行为，才能在危机来临时从容不迫，沉着应对，有效地预防危机、排除危机；只有自强不息，才会不断加强学习，通过学习认识到他人的长处，用足够的时间来修补公司和个人在某些方面存在的不足，通过学习发现企业和个人所面临的新问题，接受新的挑战，整合资源实现对现状的突破。

自强不息的企业和个人才能顺应时代变化、抓住机遇，时常变不利弱势为有利强势，最终达到事业的成功。

自强不息是一个企业和个人能否成功的前提，她固然重要，但在努力自强自尊的同时，我们还应该善于审时度势，深刻把握人与自然、人与社会、人与人的关系，注重与自然的和睦相处，同社会谐调发展，推己及人，宽以待人。厚德载物，这是团队精神的必要内涵，人既要宽容他人，更要取人之长，要有虚心求教的宽广胸怀。

在自己的工作中团结一切可以团结的人共同战斗，只有这样，才不会求全责备，尖酸刻薄，才不会斤斤计较、自私自利。目光如豆、高傲自大、心胸狭窄、蝇蝇苟苟等卑下品格都是同"厚德载物"的要求相去甚远的。自古就有德才兼备、德能勤绩的用人及量人的标准，人才德为先，厚德方能载物，成就伟业。

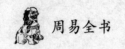

"先人后事"始终是一个颠覆不破的真理。

或许有人认为"天下攘攘、皆为利往，天下熙熙、皆为利来"，人活着就是为了利，不可能生活在没有铜臭的真空里。一些领域也因此形成一种倾向，弥漫着一种风气：要钱不要道德，要个人不要集体，要物质不要精神。在那里，人与人之间的关系成为了金钱关系。

确实，人的一生是和钱分不开的，没有钱是万万不能生活的，但君子爱财应取之有道，无论做什么事都不能违背做人的准则、道德，更不能违法乱纪，否则势必失去了做人的意义。一个领导人如果没有德，就不可能凝聚人心、聚集人气，鼓舞士气，提升企业整体素质，更不可能使员工树立正确的人生观、价值观、世界观，也不可能团结一帮志同道合的人共同发展。自强不息的基础是重视以人为本的思想，厚德载物则强调重视整体的以信和为贵的理论。"自强不息，厚德载物"有着强有力的互补，"自强不息"激励人不断地向前，然而人对于压力毕竟有个极限，随时可能出现惰性。而"厚德载物"却给人强烈的责任感，出于这种推力，"自强不息"才能源源不断地得以延续。

牢记"生命不息，奋斗不已"，牢记"不求一帆风

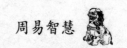

顺，只盼能在逆境中坚韧不拔"。

支持、染饰达成共荣

原文：贲其须。

释义：装饰长者的胡须。

释例：很多人对自己的上司都会有以下的说法：他的命运比我好，但办事能力却远不及我，可恨他还作威作福，表现出不可一世的样子。只懂得一味批评下属的工作做得不好，一旦问题真正出现之际，他却推卸责任。谁也无法从他那里得到明确的指示，大家都认为他不是一位好上司。奈何在现实生活里，每个职员都要服从他的命令。你感到很气愤，但你要记住一个事实：没有人是十全十美的，在办公室里与其明争暗斗，弄得两败俱伤，不如努力与每一位合作愉快，为日后美好的前途打好稳固的基础。凡事"小不忍则乱大谋"，你应该检讨一下自己的态度，学习与办公室里的每一个人做朋友。

不要妄想于短短数月内便可以完全改变上司的性格。良好的人际关系实在是需要慢慢建立的，尽管上司

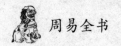

没有要求你把过去的工作纪录拿给他看，你也可以把它们整理妥当，主动呈交给上司过目，让他晓得你的工作能力，晓得你对他忠心耿耿，对方自然会对你增加好感，不再盲目挑剔你的处事方法。

在环境许可的情况下，请尝试支持、爱戴你的上司。站在他的立场想一想，你就会发现对方其实也有许多不得已的苦衷。无论遇到任何工作上的困难，不可过份依赖上司的帮助，避免与他发生任何正面的冲突。尊敬你的上司，你会发觉对方慢慢开始接纳你的意见。

争取老板的器重当然不是一朝一夕的事。有人认为"比其它人做更多的工作，例如超时工作"是最重要的。其实并非如此！新一代的雇主可能有另一种想法：工作并不算繁重，却要超时才完成，太低能了吧！

所以要使老板对你另眼相看，最实际的是除在工作上尽责外，还要学懂每一个程序的进行，了解公司的立场；注意你的上司如何做他人的工作，怎样与主层行政人员沟通，在其它部门又担任什么角色。当你成为这个行业的专家时，老板又岂会忽略你呢？

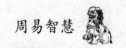

欲得天下，人心不可不得

原文：虽盘桓，志行正也，以贵下贱，大得民也。

释义：盘是大石头，桓是草木，这个现象，是一块大石头压在土地上，这土地就不能利用了，但土地的草木怎么办？从石头的旁边长出来了。桓则是草木虬结的现象，这样的草木从压着的大石旁长出，就是盘桓的现象。

后来在文学上，描述老朋友见面，陪着玩几天，就说"盘桓几日"，就是表示友情虬结不清，逗留一番。在这里是说初九这一个阳爻，代表生命的生发之根在下面，上面虽有那么多阴爻像大石头一样压在上面，可是这个要生发的根，永远是压不住的，终于要盘桓出来。

这种现象是好事情，可是需要时间，需要等待，不可急。利居贞的居，就代表站稳在那里，慢慢地等待，很正地等待，不能动歪脑筋，不能走邪路，等到石头外面的草木成林了，变成观光石头，可以供游人野餐了，更大一点可以利用了。

所以孔子说，虽然是虬结不清，但以整个卦象来

143

讲，中心思想是纯正的，行为是纯正的，那便没有问题，不正就成问题了。但是如果这个卦象，以人生政治的道理来讲，以贵下贱，这是很难做到的。

释例：中国历史上做领导人的有四个字"礼贤下士"，对人有礼而谦下，向不如己的人请教，就自然得到群众的拥护，自然得到老百姓的拥护，大得民心。何以叫"以贵下贱"，在《系传》里讲过，阳卦多阴，阴卦多阳，这个屯卦，是阴爻多，阳爻少，只有两爻，物以稀

马援像。马援，字文渊，东汉初名将。据史料记载，马援年轻时曾自己养马、种地，因为他做到了《易经》说的"以贵下贱，大得民也"，所以在他起兵卫国时，能一呼百应，成为一代名将

为贵，而这个时候，最怕傲慢，所以说建侯的事业，革命的事业，要以贵下贱，便大得民也。

《史记》里记载过汉代伏波将军马援的传略。说马援小时候不喜欢四书五经，但习武非常有兴趣，刀枪棍棒样样都通。马援的哥哥知道要把弟弟往科举的路上扯，是毫无意义的，便同意他习武。马援长大后，自己去开辟一块地方，养马，种植，有点像现在的农场。后来，生产了许多粮食，他就把它分给朋友和当地人。到了起兵为国时，马援一呼百应，很快就成为将领，而且屡立战功，成为西汉时期不可多得的一员猛将。

马援之所以成功，是因为他能够立言，说话有人相信，能组成队伍。他之所以能够立言，是因为他仗义疏财，救助困危，有德。

在拜金主义猖獗的现在，重建中华民族的伦理道德，至诚至善，已是刻不容缓。勇挑重担，乐善好施，知恩图报，善于与人相处，等等，这些都是美德，都应该提倡。

得民心者，得天下，失民心者，失天下，古往今来无不例外。从秦皇、汉武、唐宗、宋祖、一代天骄成吉思汗这批中国封建皇朝开明君主的清明统治，到夏桀、商纣、秦二世、隋炀帝、和李隆基的亡朝统治，直至当今世界的每一个执政党治国安邦的成败得失均能得到印

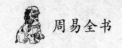

证。忆往昔，秦国由于商鞅变法而深得民心，受到广大百姓的热烈拥护支持，使变法服得成功，为以后秦统一全国奠定了基础。秦始皇一系列的巩固统一措施使人民的生活得以安定，社会生产得以恢复和发展。

但是，由于秦始皇因修筑长城而滥用民力，抓走壮丁以修长城，弄得人心惶惶，再加上秦朝赋税沉重，法律严苛，刑罚残酷，特别是秦二世的统治更加残暴，使得民心向背，进而激起陈胜、吴广的农民大起义。虽然到最后起义失败，然而民心的丧失也使得秦朝走向衰亡。再看曾"风华"一时的强盛的唐朝，自唐太宗因重视黎民百姓，能体会到"水能载舟，亦能覆舟"的深刻蕴意，所以体恤百姓，减轻徭役，使百姓安居乐业，进而开创了"贞观之治"的强盛局面。

但唐玄宗后期一味贪图逸乐，用人不当，政治昏暗腐败；与此同时，激烈的土地兼并与藩镇割据战争使百姓失去赖以生存的土地，加之高额租税、连年的自然灾害，使百姓陷入水深火热之中。农民无所生存只能反抗给他们带来沉重负担的唐皇朝，唐皇朝在农民起义下土崩瓦解。不望远，再观近的。清朝后期，外国侵略者把中国当作一块肥肉，都想割一份。清政府的腐败无能，使大好的中国河山受尽百般蹂躏，大片国土沦为殖民地。不甘受辱的中国人起来反抗无能的清政府，孙中山先生领导的辛亥革命完成了推翻中国封建皇朝这一使命。纵观史事，仁者几何？凡暴君不外乎江山让人，朝代被覆，甚至于身死他手；凡仁君不仅深得人心，受民爱戴，更能巩固千秋大业。得民心者得天下，失民心者失天下。所谓仁者无敌，即笼络百姓，将心比心。

论及仁者，我认为三国时期的甚多英豪皆可冠以此名。无论是刘备，曹操，还是孙权，三者都深得人心。

刘备也曾是位无名百姓，他对百姓疾苦的了解可谓切身。当他成了蜀军之首，蜀国之君，也无时不考虑着自己的百姓。对手下的众多才将，刘备视如己出，待之以礼。这也是他成为一代帝王，得以与另两国对峙的重要因素。

曹操，不必多言，他是公认的枭雄。人知曹操爱才如命，凡是人才，曹操皆诚心相迎。无论是叛军之才，还是败军之将，曹操无不投以钦佩爱惜之情。曹操的势力得以壮大，是他对将之仁的成就。孙权，对百姓的关心与刘备不相伯仲。正是他对民之仁，使得东吴日益强大。民心相向，东吴能扮演"三国鼎立"之一角，正是

于此。

得民心者得天下，失民心者失天下。得道多助，失道寡助。仁者将流芳百世，而否者将遗臭万年。这一不变的真理主宰了众多伟大人物的命运。"问苍茫大地，谁主沉浮"！仁者是也！

然而，历史终究过去，它留给我们的除了它的辉煌，更宝贵的是经验及教训。若"后人哀之而不鉴之，亦使后人而复哀后人也"。

作为后人的我们，不仅要得到这些经验教训，更要悉心鉴之，只有如此，才能自我进取，推动历史的进步，成为史上的主宰者。得民心者得天下，我们不一定得到天下，但若我们是得民心的仁者，我们将得到比天下更珍贵的东西。

装饰光润，心悦诚服

原文： 贲如，濡如，永贞吉。

释义： 装饰得光泽柔润，永远坚守正道，便可获得吉祥。

释例： 人们犯错时，最受不了的是大家对他群起而攻之，因为这伤害了他的感情。他也许会承认错误，但无法接受这种批评方式，这将使他对领导、对同事充满敌意，一旦有机会，他就有可能以牙还牙。

如果你希望自己的批评取得效果，就决不能使别人反对你。一定要记住，你的目标是取得一些好的效果——如使对方回到正确的航向上来，而不是去贬低他的自我。即使你的动机是高尚的，是真心诚意的，也要记住，对方的感觉也在起作用。当其它人在场时，哪怕是最温和的方式也很可能引起被批评者的怨恨，不论是否辩解，他已感到他在同事或朋友面前丢了面子。

因此，对于一些过失，只要他认识到错了，就没有必要当着全科室的人要求他作出公开检讨，而只要在你的办公室里，一个人面对面跟他谈，就足以使他反省了。任何具有上进心的人都不愿犯错误，这从他个人角度也是如此，何况你的目的只是为了让他改进工作，而不是贬低他的人格。

实际上，你是否奉行这个准则也是对你批评的真实动机，至少是对你的批评艺术是一个很好的考验。人们有句口头禅：家丑不可外扬。其中道理想必你明白。总之，不要在其它人在场时对别人进行说教，无论是批评

孩子，还是同事朋友，或是下级，要把批评的范围尽可能缩小——当然以有助于被批评者承认并能改正错误为限，否则就流于迁就了。

对此，你只需扪心自问：我的批评是真心诚意的？还是出于个人动机？其次，如果出自诚心，那么观察你批评的效果如何，得到什么样的反映。有此两端，就可以测试出你的批评艺术水平了。

富贵功名到了极点要谦虚

原文：有大者不可以盈，故受之以谦。有大而能谦，必豫，故受之以豫。

释义：人到了最高点的时候，不要自满，再加便会溢出来，所以大有卦下受之以谦卦。

释例：人一旦强大了、富贵了，就该注意了。大有大的坏处。

弱小就要受气，落后一定挨打。一人、一团体、一民族乃至一国家，怎么能不希望强盛壮大呢！然而一旦真的强大了，也未必把持得好，也未必把持得住，所谓大有大的难处，并不轻松。

十八年的媳妇熬成婆，一旦黄袍加身，说话算数，会不会一反常态，作成作福，鱼肉弱小，也很难说。

天下不亡于柔弱，而灭于强盛，如秦皇、项羽、闯王、天王、罗马帝国、拿破仑、希特勒。由强盛到败亡，都有一个共同的特征：强盛而不能守持贞正之道。

《大壮》卦辞强调"利贞"，《象传》又说"大者正也"，以"贞""正"自我约束，王而不霸，刚而不猛，强而节用，更不能自恃

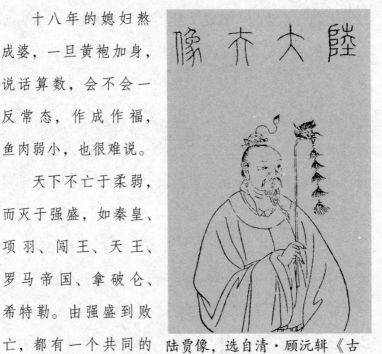

陆贾像，选自清·顾沅辑《古圣贤像传略》。陆贾，汉初思想家、政治家，早随刘邦平定天下，口才极佳，常出使诸侯。汉初，易学研究出现了新高潮，陆贾著书《新语》，将《系辞》文字任意驱谴，所用与上下文文气一致，无斧凿之痕。陆贾的易学思想，对《周易》的发展起了较大的推动作用

151

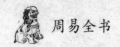

强壮而胡作非为，行邪恶暴戾之事，这便是居强盛而可以善处的基本要求，也是《大壮》卦所反复强调的核心原则。

九三爻辞讲："小人用壮，君子用罔"，一贬一褒，再鲜明不过地指出了对待"大壮"的两种基本态度。恃强行暴，必为暴杀。强盛而能以贞正药之，庶几乎可望长治久安。

《史记·郦生陆贾列传》记载，陆贾老是在刘邦面前唠叨《诗》《书》，刘邦不耐烦了："乃公居马上而得之，安事《诗》《书》！"唠叨《诗》《书》的人对马上得之的人一本正经地说："居马上得之，宁可以马上治之乎？且汤、武逆取而以顺守之，文武并用，长久之术也。"无暴不可以得天下，得天下而依然以暴行之，则足以乱天下、亡国家。所谓"马上"，乃是武力强盛的象征；而工作重点由"马上"转变到"马下"，则是变强盛的武功为圣明的文治。

起于弱小，终于强壮。从事物的发展和转化来看，强壮确实并不是什么好事。然则人之为人也，弱亦忧，强亦忧。

与《周易》提出制衡强壮的"贞正"原则不同，

老子提出的对策是避刚就柔，避实就虚，避强就弱，即所谓守柔守雌，通过权衡和控制，竭力不使自己处在强盛这个十分危险的位置上。他的根据是："贵以贱为本，高以下为基。"他的结论和方略是："知其雄，守其雌，为天下溪"，"知其荣，守其辱，为天下谷。"这似乎比《周易》来得更彻底，但是同样比《周易》更难做到。

中国社会周期性的饥荒、动乱乃至天翻地覆，使这个民族的精神十分敏感，以至于在这种持续不断的刺激中变得愈来愈脆弱，有时简直就是有些神经质——看似有常却无常，得也患，失也患，不管做什么都是如履薄冰，如临深渊，从国家社稷到个人的生命和生活（几乎谈不上财产所有权）都缺乏真正的安全感。

这种揪心的情节我们在阅读《周易》的过程中时时都能感觉到。《系辞》论《易》，一开首就直指本心："圣人设卦现象，系辞焉而明吉凶，刚柔相推而生变化。是故吉凶者，失得之象也；悔吝者，忧虞之象也；变化者，进退之象也；刚柔者，昼夜之象也。"

这里所举出的"象"，没有一个不是令人揪心的不安之象。惊慌的精神在"象"与"象"接成的一个个孤岛上盘旋栖居，栖居盘旋，可是到头来他依然找不到

立命安身的地方。《系辞上》说："八卦定吉凶，吉凶生大业。"

但是"吉凶"并不是可以一劳永逸"定"下来的，无论怎样辉煌的"大业"都断然不是万年桩。"君子安而不忘危，存而不忘亡，治而不忘乱……"《系辞》讲忧患，几乎不厌其烦，可是最终的目的却只有一个："身安而国家可保也。"

——吉凶、失得；悔吝、忧虞；变化、进退；刚柔、昼夜等等等等，如果不能有效解决情感、心灵和精神所关注的一系列现实的与终极的幸福问题，那么不管是《易》之为卜，还是《易》之为理，它就没有丝毫的价值和意义！

《象传》说："大壮"所谓"大"，就是强大、壮盛。阳刚之气勃然上升，力量愈来愈强，形成雷电，震动天地，统摄万物，草木走兽无不畏惧，所以说强壮。"时当'大壮'，最应守持贞正，守持贞正又最为有利"：日中则昃，月盈则食，物壮则老，为强为盛而不使衰落败亡，这本来就是极其困难的事情。

因此，保持强盛的法则就是强不逞强，强不凌弱，强而不暴，威而不猛，王而不霸。这样就能以强盛祛除邪恶，呵护苍生黎民，光大天地正道，从而使自己立于不败之地。天无私覆，地无私载，日月无私照，强力在手而不营私，于百姓万物一视同仁，不事偏斜，正直刚大，本色永远不改，这正是天地生万物养万物的本性和怀抱啊！

信陵君杀死晋鄙，拯救邯郸，击破秦兵，保住赵国，赵孝成王准备亲自到郊外迎接他。唐雎对信陵君说："我听人说：'事情有不可以让人知道的，有不可以不知道的；有不可以忘记的，有不可以不忘记的。'"信陵君说："你说的是什么意思呢？"唐雎回答说："别人厌恨我，不可不知道；我厌恨人家，又不可以让人知道。别人对我有恩德，不可以忘记；我对人家有恩德，不可以不忘记。如今您杀了晋鄙，救了邯郸，破了秦兵，保住了赵国，这对赵王是很大的恩德啊，现在赵王亲自到郊外迎接您，我们仓促拜见赵王，我希望您能忘记救赵的事情。"信陵君说："我敬遵你的教诲。"

唐雎叫信陵君谦虚谨慎，淡忘功劳，这的确是高明的处世哲学。正如《老子》22章中所说的："不自见，故明；不自是，故彰；不自伐，故有功；不自矜，故长。夫唯不争，故天下莫能与之争。"

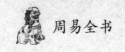
规避是非，消除祸事

原　文：剥之，无咎。

释义：大床的剥落已经损及于床头了，床头必将被剥蚀损坏，守持正固以防凶险。

释例：有些人天生脾气暴躁，情绪容易失去控制。这些人常常为了一些小事而大发脾气，甚至公开斥责他人，叫人难受极了。

请先考虑导致恶劣情况的真正原因，研究一下朋友的习惯。一般而言，爱发脾气是否有一定的模式？是否他一

《东周列国志》版画之信陵君窃符救赵图。信陵君窃符救赵，受到赵王的礼遇，然而他没有因此而不可一世，反而愈加谦恭，这符合《周易》"有大者不可以盈，故受之以谦"的思想

直与别人之间有问题呢？还是只因现有的一个特殊任务，令他紧张不已，才会像吃了火药一般？

知道了所有问题的答案，你就可以做出反应和防止下一次事件重演。环顾一下，身边是否有人比你更懂得应付他？向他学习吧。

据心理学的推断，经常令朋友害怕的人，只是优势作祟而已，你没有可能请他去见心理医生，可以做的，就是自我保护了。

当朋友大发雷霆，不要推卸责任或试图解释，冷静地说："我会注意这情况。"或说："让我立刻去看看！"然后离开这个紧张的地方。既然目标物已在眼前消失，他就没有咆哮的对象了。

随遇而安顺其自然

原文：是故君子所居而安者，易之序也；所乐而玩者，爻之辞也。

释义："居"就是平常，也叫"平易"，也就是一个人平平常常，就能居有所安，心安理得。

释例：汉语由字的构成开始，再到词到句，都是非常耐人寻味的。现在年轻人为什么对自己的母语没有足够浓厚的兴趣，我想应当是学校里的老师没"玩"好。老师自己没有玩出兴趣来，自然不会对学生产生什么影响，原本许多可以讲得生动的课，很可惜地成了"到此为止"。老师上课最重要的教学任务实际上是激发学生的兴趣，然而现在多数教师是在"教知识"，"教知识"就是这个杯子里的水倒到那个杯子里，也叫"填鸭式"，我教了，你学到多少归咎于你有没有认真听。要是碰上这样的语文老师，那可真是学生的悲哀了。

"心安理得"这个成语看起来很平常，老师讲的基本上跟《成语词典》里的结果大致

尧时的名士许由像，传说尧曾欲让天下于许由，但许由向往身心自由拒绝了尧的请求

一样，"自己认为所做的事情是理所当然的，心里很坦然"。我们自己要再拓展一下，要再去丰富它。"心安理得"可以寻根到影响了几千年中国文化的《周易》：

"是故君子所居而安者，易之序也；所乐而玩者，爻之辞也；是故君子居则观其象而玩其辞，动则观其变而玩其占。是以自天佑之，吉无不利。"

用现在的话来说意思是，我们要懂得自然科学的道理，用在人生哲学上。是君子的人都受过教育，应该了解这个道理。"居"就是平常，也叫"平易"，也就是一个人平平常常，就能居有所安，心安理得。心安后，真理才能发现，于是就可以按规律做人，就不会有什么不利的事情发生。

"是故君子所居而安者，易之序也；所乐而玩者"，易经的六十四卦为什么这样排列？懂了其中的道理就懂得人生了。

《周易》里边包括了大自然的物理哲学、人生哲学、政治哲学等等，是值得一辈子都去学的。孔子告诉我们学《周易》的好处：学了《周易》，懂了《周易》，我们便心里很安详，很少烦恼、痛苦，这就是上面那句"是故君子所居而安者，易之序也"的道理。

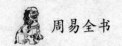

　　这就说到人生哲学了，我们学《周易》为了解自己，了解人生，所以一个君子所处的日常生活，君子的人生，能够得到安心的，亦即佛教禅宗常说到的安心。人心得安是很难的，世界上几乎没有一个人安心过。

　　谁心安了？谁满足了？这是不可能的，真安心，不必要求什么，已经满足了，可见这是很难的。安心不易，安身亦难，安生活更难，实际上这些都是心的作用。

　　孔子说：如果真懂了《周易》，平常所居而安得了心，只要看《周易》变化的次序就够了。为什么？因为它有一定的次序，可以看到卦的变，而且依照《周易》的法则，宇宙万物万事随时在变，但不是乱变，也没有办法乱变，是循一定的次序在变，所以懂了《周易》，人生一切的变故来了，都可以真的安贫乐道度光阴。

　　人生万物有一个不变的东西，就是这个"必变的道理"，有如气象局的报时台，现在报的下午三时二十五分，下一句就是二十五分十秒，这是一定要变的。人类自己反省，有一件最愚蠢的事，希望自己一辈子不变，最好长生不老，永远年轻，可是这绝不可能。

　　懂了《周易》，就知道变有一个秩序，有一个一定的原则，因此我们做事业也好，做别的也好，第一知道自己怎么改，第二知道变到什么程度了，所以用不着去卜卦，把《周易》变化的程序搞通了，大法则就通了。但是变的当中，一变就有动，一动就有变，那么在动与变的结果，有好有坏，有吉有凶。

关于吉凶，我们已经知道，是根据人为的观念而来，人为的利害得失而来，但得失的究竟如何？"所乐而玩者，爻之辞也"。把文王所着的这本《周易》，每个卦下面所讲的道理——辞，懂了以后，透彻了它的道理，就快乐了。

我们的心灵本来很清静安定，只因为被外界物相迷惑困扰，如同明镜蒙尘，就活得愚昧迷失了。

云居禅师每天晚上都要去荒岛上的洞穴坐禅。有几个爱捣乱的年轻人便藏在他的必经之路上，等到禅师过来的时候，一个人从树上把手垂下来，扣在禅师的头上。

年轻人原以为禅师必定吓得魂飞魄散，哪知禅师任年轻人扣住自己的头，静静地站立不动。年轻人反而吓了一跳，急忙将手缩回，此时，禅师又若无其事地离去了。

第二天，他们几个一起到云居禅师那儿去，他们向禅师问道："大师，听说附近经常闹鬼，有这回事吗？"

云居禅师说："没有的事！"

"是吗？我们听说有人在晚上走路的时候被魔鬼按住了头。"

"那不是什么魔鬼，而是村里的年轻人！"

"为什么这样说呢？"

禅师答道："因为魔鬼没有那么宽厚暖和的手呀！"

他紧接着说："临阵不惧生死，是将军之勇；进山不惧虎狼，是猎人之勇；入水不惧蛟龙，是渔人之勇；和尚的勇是什么？就是一个字：'悟'。连生死都已经超脱，怎么还会有恐惧感呢？"

世事变幻，祸福无常，当你遇到一些意外的突发事件时，能否处变不惊，从容应付呢？

"风来疏竹，风过而竹不留声；雁过寒潭，雁去而潭不留影。故君子事来而心始现，事去而心随空。"这是古人对随遇而安的解释。意思是说，人遇到事情时，会本能地有所反映，事情过后又恢复原来的安静。当进而不进，是自暴自弃，应退而不退，是不知自量。

古语说："伸缩进退变化，圣人之道也。"纵观古今历史，一个在事业上有所成就的人，必定是一个善于驾驭时势的人。顺时驭势与一成不变、墨守成规相对立，它的含义是，要按照变化了的、发展了的情况灵活机动地处理问题。

物质条件的获得，物欲的满足，不要无限制地追求那些不现实的、得不到的东西。正如卢梭所说的那样："人啊，把你的生活限制于你的能力，你就不会痛苦了。"一切理想都要植根于现实这块肥沃的土壤中。

庄子指出："穷亦乐，通亦乐。"这是什么意思呢？所谓穷是指不顺利，通是指顺利。庄子认为，凡事顺应境遇，不去强求，才能过上自由安乐的生活。这是一种顺应命运、随遇而安的人生态度。无论顺境或是逆境，人都应该保持一种乐观的生活态度。

"安时而处顺，哀乐不能人也"。这句话的意思是，能够安于时代潮流，遵循自然法则的人，悲哀和欢乐就不会占据他的内心。这是一种自然的生活方式。有一些人为了出人头地，达到自己的目标，往往不顾一切，拼命去争取。而一旦遭到挫折或打击，往往会意志消沉，一蹶不振。

古时有一位贤者叫许由，尧帝仰慕其名，想将天下让给他。许由对尧帝说："鹤巢于深林不过一枝。"说完便离去隐居了。这句话意思是说，凡事不必求多，只要具有一个够维持正常生活的环境就行了。《庄子》中还讲，"偃鼠饮河，不过满腹。"意思是人要安分，不应贪心纵欲，贪欲一多，烦恼也会增加，心灵便得不到宁静了。人生最重要的是要心灵平静，而知足常乐是心灵平静的唯一办法。

《庄子》中有一句话叫"寿则多辱"。讲的是古时，尧帝到华地视察。当地的官员为尧祈福说："希望你能获得很多男孩，获得丰厚的财富。"但是，尧帝拒绝接受这种祝福，他对官员们说："男孩子多了，操心的事情便会接连不断出现。钱财丰厚了，麻烦的事情就会多起来了。活的时间越长，遭受耻辱的机会也一定更多。"这的确是一种高见。

"人生减省一分，但超脱一分。"在人生旅程中，如果什么事都减省一些，便能超越尘事的羁绊。一旦超脱尘世，精神会更空灵。简言之，即一个人不要太贪心。洪自诚接着说："比如，减少交际应酬，可以避免不必要的纠纷；减少口舌，可以少受责难；减少判断，可以减轻心理负担；减少智能，可以保全本真；不去减省而

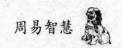

一味地增加的人，可谓作茧自缚。"

　　人们无论做什么事，均有不得不增加的倾向。其实，只要减省某些部分，大都能收到意想不到的效果，倘若这里也想插一手，那里也要兼顾，就不得不动脑筋，过度地使用智能，容易产生奸邪欺诈，所以，只要凡事稍微减省些，便能回复本来的人性，即"返朴归真"。

　　《呻吟语》的作者吕新吾也说过："福莫大于无祸，祸莫大于求福。"意即没有不幸的灾祸降临，就是最大的幸福。一天到晚四处钻营的人，比任何人都更加不幸。所以，人千万不要为欲望所驱使。心灵一旦为欲望侵蚀，就无法超脱红尘而为欲望所吞灭。只有降低欲望，在现实中追求人生目的，才会活得快乐。

　　"如果我有一条围巾，我就会把它围到脖子上；如果我有一朵花，我就会每天为它浇水。"就像这歌里唱的一样，生活给了我们什么，我们就应该去承受。

第四篇　经商智慧

现代西方管理科学在西方文明进步的历史背景之下，因受西方工业理性的影响，特别是工业理性对该学科的模式化限定，其价值趋向过于追求数理化设计和具体性操作，致使经济效益背离社会效益、科学化分野于人文化，学科进步陷入了理性尴尬。从社会实践来看，现代企业行为包括经营与管理，在科学的、实际的操作之下，人文与价值严重失落，不再拥有永恒的凝聚力与秩序性。这就为古代易经宝典的现代性价值转换提供了良好契机，也为"易经经营学"的产生提供了充分的可能性与必要性。

北宋宰相赵普曾言"半部《论语》治天下"，说的是《论语》的政治价值；现在也有人讲"一部《周易》安天下"，这无疑道出了《周易》对治国理财、安定社会的重要作用，其中蕴含着无比丰富的经营管理文化资源。《周易》的经邦济世理论，哺育了一代又一代社会仁人志士，相信''易经经营学"的产生与完善也必将造就一批既富有现代经营理念、又怀有人文价值情愫的"现代儒商群"。

古代《周易》作者可谓"先哲"，他们凭借自己的素朴智识或直接或间接地反映出自身所生存的自然、社会的环境与状况，并形成了富有灵感性征与理性力量的思维体系，以此来指导当时及后人的社会实践，在探索宇宙、社会、生命、人生、自然的奥妙方面展现出非凡的聪明才智。《周易》所拥有的思考问题、认识事物的思维方式，我们称之为"易学思维"。

易学思维是古代先哲们深沉智慧与伟大实践的结晶与产物。古代先哲们经过反反复复的"仰观天象，俯察地理"，在体悟生生不息的自然与社会法则中形成了可贵的易学思维，而易学思维的形成反过来又增强了他们把握宇宙规律、认识社会发展、探知世界运行的能力。他们运用易学思维不断思考着世界的变化、社会的更替以及人类的成败得失、吉凶祸福、盛衰荣辱等难以解开的问题。

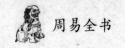

　　《周易》是一座神秘的古堡或是一座富丽的殿堂，易学思维则是其中的瑰宝。"易学思维"实际上是象数思维、变易思维、太极思维、阴阳思维、五行思维、经卦思维等各种思维方式与方法的有机统一。它为人类文明社会提出了许多直到如今还仍然富有生命力且极为珍贵的认识问题、解决问题的思维原则和思维方法。

　　对于现代经营与管理而言，易学思维所提供的思维逻辑有着极强的指导力和广泛的适应性。现代经营与管理中的许多思想、原则、方法往往可以在《周易》中找到精神雏形；通过易学思维分析现代经营过程中遇到的许多问题往往能收到意想不到的奇效。

　　《周易》是一部开发人的灵性、启迪人的理性的"智慧宝典"，是亘古常青的科学，可谓"知识之知识"。因为《周易》作为"大道之源"，为人们提供了开敞智慧大门的金钥匙。研用《周易》，我们不仅要深入探究易之三材——天、地、人之道，寻求真理之源，而且要灵活运用易之方法论思维观。如果我们将《周易》的"理"、"法"结合起来，并应用于现代经营与管理，我们将收到出乎意料的管理效能。由此，我们似乎体味到了现代企业规范化管理的有效路径。

广义讲来，易学思维亦可称为象数思维。象数思维方法是中华传统思维的一朵奇葩。几千年来，随着历代易学的不断发展，象数思维日臻完善，与现代西方思维相比显示出十分神奇的魅力。

作为一种特殊思维方式，象数思维离不开卦、爻之象。八卦正是八种象，"卦者，挂也"——挂出一种直观的"象'，——以引起人们的无穷想像，以便探求出理论。

象数思维，顾名思义，可以分出两种思维模式：一日"象思维"，即"取象"比类，旨在因象明理；二日"数思维"，即"运数"比类，旨在"极数通变"。这两种思维模式共同构成了《周易》的思维传统，也内在地汇人了中华民族的传统思维之长河。

中国传统思维的特点之一即是"象思维"发达。今天研用《周易》，尤其是应用于现代经营与管理，"象思维"的作用与地位不可低估。

"象"即像，正如《周易》所言："圣人有以见天下之赜，而拟诸其形容，象其物宜，是故谓之象。"一指卦象，即八卦和六十四卦符号；二指物象，即八卦和六十四卦所象征的世界万事万物，其中八卦所标指的

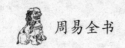

天、地、雷、风、山、泽、水、火为世界八种基本物质。

那么，何谓"象思维"呢？

"象思维"是指通过思维的具象性，将各类事物加以运思，对所认知、领悟的客体进行思维加工，触类旁通，从而得到某种结论的思维方式。

因于"象"之分类，"象思维"亦可分为"卦象思维"与"物象思维"两种。

"卦象思维"，即借助于人们的经验或知识，对八卦或六十四卦的内外卦各所表征的事物进行联想式的运思，从而得出一定的或一般的结论。例如，"泰卦"，下乾上坤，阴气下降，阳气上升，二气相交成"泰象"。运用"卦象思维"可以得出泰卦之结论："小往大来，吉，亨。则是天地交而万物通也，上下交而其志同也；内阳而外阴，内健而外顺，内君子而外小人，君子道长，小人道消也。"从自然的万物生长，到人世的上下一致以及君子与小人的不同归宿，得出的是富有义理色彩的思维结论。

"物象思维"，即借助于古人和日常生活的各种"物象"，因象明理，从而启发人们的思维，推导出深沉的哲理。这种"物象思维"较多地体现在《系辞传》当中，例如在否卦爻辞中有言"其亡其亡，系于苞桑"，由此阐发出这样的哲理："危者，安其位者也；亡者，保其存者也；乱者，有其治者也。是故君子安而不忘危，存而不忘亡，治而不忘乱，是以身安而国家可保也。《易》曰：其亡其亡，系于苞桑。'这里从牛羊可以逃走之物象，引申出"居安思危"的忧患意识，这种引申是恰切的、鲜明的、得体的。其富有哲理的推论，运用了物象比类的思维途径，既保证了最终结论与初始物象内涵的相辅相承，又保证了思维逻辑的紧密推延，闪耀着理性思维的智慧之光。

"数思维"同样属中华民族理性思维的特殊方式之一。"数思维"对于中国古代以来科学思维的发展进步产生过积极的影响。利用"数"来整理、概括、总结科学技术的成果，标志科学技术的发展水平，表达数理思维的程序，是"数思维'，的奇妙之处。

所谓"数思维"，顾名思义，是借助于"数"、"数理"来进行思维推理，表达思维的程序，推演思维的结果。《周易》经传处处充满着"数思维"的记载。《周易》中"数思维"较为简洁。例如"先甲三日，后甲

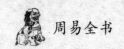

三日"、"先庚三日，后庚三日"、"革言三就"、"三人行则损一人，一人行则得其友"、"有不速之客三人来"等等，近三十处借助于"数"来表述卦义。《易传》中"数思维"较为深刻。例如《系辞上》："易有太极，是生两仪，两仪生四象，四象生八卦，八卦定吉凶，吉凶生大业。"这里借助于2—4—8数理关系表达出宇宙的奇妙演化，正是古代宇宙生成图式的数理化概述。这对中国古代思维进展产生过极其深远的影响。

再例如"四营十八变"的占筮程式："大衍之数五十，其用四十有九。分而为二以象两，挂一以象三，揲之以四，以象四时，归奇于扐以象闰，五岁再闰，故再扐而后挂。"这既是"数·"的运演，又不仅仅是"数"的运演本身，其中又紧密联系着关于天地、阴阳、三材、四时、再闰等历法的问题，真可谓玄妙之至。

《周易》之"数思维"将后人带人了神秘的宫殿，人们在"数"的背后看到了数理，看到了宇宙万物生成、运动、变化的规律。朱熹曾说过："如鸿荒之世，天地之间，五十有五之数，奇偶相生，粲然可见。"这里足以表明"数"在易学中的地位。先天易学之创始人邵雍更是把"数"看做宇宙万物之本原，他说："神生

172

数，数生象，象生器"，把"数"置于"象"之先。司马迁也十分注重"数"之演变，他在《史记·太史公自序》中有言："易著天地、阴阳、四时、五地，故长于变。"总之，《周易》的"数思维"，借助于"数"、"数理"来表达世界万物的变化，构筑出"极数通变"的原则；"数思维"直接地推动着中国古代科学思维的进展，表达着中国古代先哲的智慧。

"易道广大，无所不包。"易之象与数表达着宇宙、自然、人生、社会的通体信息；象数思维作为一种理性思维，常被古代天文、历法、乐律、医学、养生所运用。明代科学家徐光启曾这样表达易之象与数及其思维的科学价值："象数之学，大者为历法，为乐律，至其他有质有形之物，有度有数之事，无不赖以为用，用之无不尽妙极妙者。"

那么，象数思维对现代管理的价值何在呢？

在人类文化发展史上，《周易》借助于"取象"以比类，得出富有哲理的推论，给人以启迪，这是东方独特的思维方式的鲜明特色。这也是东方文化在当代展示出优于、异于西方文化的独到之处。"象思维"正对现代管理学产生着深刻的启迪。按照"象思维"的内在要

求，现代管理者必须注重建立规范性的管理模式。

第一，重视整体形象与总体效应。

在市场经济条件下，现代管理的社会整体形象与市场总体效应对于增强自身的内在实力、展示自身的良好形象、促进自身的健康发展有着重大的现实意义。

现代管理者必须十分重视整体形象与总体效应。远古之人，不能离象言理；今日之管理者亦不能离开被管理之客体的诸象——公司形象、名牌品牌、市场服务等——而纯粹讲什么管理与经营。一个企业的良好的形象设计和社会效应，对于企业在竞争激烈的市场大潮中赢得大众消费、获得卖方市场、击退竞争对手从而立稳脚、求发展是何等重要。

第二，重视市场行情与及时决策。

"象思维"以简驭繁，正如"八卦"，"其称名也小，其取类也大。"取象的目的在于比类，通过选取个别事物、个别现象作典型，对其共相进行逻辑演绎，得出普遍性的结论。

受此启发，现代管理者必须十分重视市场行情的分析与调研，以小见大，进行取象比类。通过抽查、造访，进行市场行情摸底，并以此为根据，及时对生产、销售、管理等诸环节进行科学规划、有效决策，以减免失误，增强效益，并常常总结经验教训，提升至企业文化的高度，提出和强化公司理念。

第三，重视统筹兼顾与全面治理。

"象思维"的合理内核在于以事物整体之"象"喻事物个体之理。《周易》六十四卦本身是对宇宙的整体性把握；易之表征的诸"象"正是宇宙万物的综合。"象思维"要求人们整体性地观察分析宇宙万物的运动、变化、发展，因为宇宙之间绝对没有孤立的事物，事物之间无不存在相互依存、相互制约的关系。

"象思维"对于现代经营与管理的重要启示之一，即是要统筹兼顾公司事务以及诸种事务之间的关系，全面治理现代管理对象所包含的各个方面、各个环节、各个因素及其发展变化情况，采取多层次、多维度的立体思维，去开拓具有更多自由度的管理空间，并使之容下随着市场变化日益增多的、丰富的新内容，以适应现代科技、现代管理实践的多方面发展的要求。

第四、重视现实实践与经验积累。

"象思维"方法，有利于总结人类的实践经验，便于归纳现象作出结论，进行演绎。它是归纳与演绎的结

合，又是分析与综合的统一。这种特殊的思维方式，寓理性思维于形象思维之中，将形象思维当做了通向理性思维的桥梁。

由此指导的现代管理，要求人们必须躬身现代管理实践，积极总结实践经验，及时将现代管理纳人科学管理系统，以利于走出传统的、简单的、机械的管理模式，通过吸取包括易学在内的传统文化的精神，站在现代科技水平上，建立有中国特色、中国风格的现代管理方式，开拓全新的、最优的管理世界。

"数思维"的方法论意义在于"运数比类"，在于以数喻理。《系辞》有言："参伍以变，错综其数。通其变，遂成天下之文；极其数，遂定天下之象。"可见，易"数"具有"弥纶天地之道"的神奇功夫。那么，"数思维"有何"弥纶管理与经营之道"的功用呢？

第一，建立数字化管理模式。

工业化社会过后，随之而来的是信息化时代。现代信息科学的高度发展特点之一，即为各行各业各领域的数字化管理。现代管理必须紧紧追随数字化的进展。正如《礼记》中所言："凡举大事，毋逆'大数'。"现代管理的诸环节都应以数字化模式来加以规范。管理对象和管理要素应按照几种形式、多少比例、什么结构来调配，都应通过精确的数字标识出来，以利有效管理。

第二，建立科学化管理模式。

"数思维"是中国传统的思维方式之一，中国传统的科学技术往往利用数来整理自己的内容体系，表达思维的程序。"数思维"对于现代管理的启迪之一即应是突出"科学化"的地位。《系辞上》有一组关于天地之数的精确表述："天一，地二；天三，地四；天五，地六；天七，地八；天九，地十。天数五，地数五。五位相得而各有合，天数二十有五，地数三十。凡天地之数五十有五，此所以成变化而行鬼神也。"倘若现代管理能仿效此天地之数来构筑现代企业及其经营，也会收到神奇的功效。尤其是现代管理者，在自己的思维活动中，要力求使自己的主观与客观相一致、认识与实践相一致，真实地反映无限变化的管理世界。

第三，建立动态化管理模式。

"数思维"即"运数比类"的思维方式，其重要主张为"极数通变"。《周易》揭示天地之数、大衍之数；乾坤策数等，无非教人们要做到"极数通变"。"易穷则变，变则通，通则久"，这正说明了事物存在与发展

的客观逻辑。现代管理受此启迪，即应建立动态化管理模式。在对管理对象的各种管理要素做动态分析的基础上，善于激活管理对象和管理要素的积极方面，同时保持现代管理者思维的各种动态性——发散性与收敛性、纵向性与横向性、静态性与动态性、反馈性与超前性，从而使得现代管理对象所包含的各个方面、各个环节、各个要素以及各种形态得以健康地、有效地运行。

变易思维体现着易学精神的真义。生生之谓变，正说明世界变化的普遍意义。变易思维正是对世界变化的普遍意义的一般性概括。掌握变易思维对于现代经营与管理有着重要现实意义，它可以指导人们在企业经营的过程中进行有效的动态管理。"变易者，言生生之道，变而相续。"东汉郑康成的这句话体现着他对宇宙、社会、人生的变化与发展的规律性认识，正是对变易思维的恰切表达。

变易思维要求我们以变化发展的眼光看待一切事物。它认为：宇宙万物、社会人生无不生生变衍；阴阳五行、八卦六爻无不变动不居。从时间上讲，世界进展具有一种绝对不可逆转的连续性；从空间上讲，万物变迁具有一种无限扩张的广延性。

经营管理者在观察、分析和对待各种具体的经营事务时，必须善于从经营本身的规律出发，以辩证发展的眼光做出正确的、科学的经营战略决策，并适时而变地不断修订各种策略，以沿承和保持经营管理的不断成功。反过来，如果经营者思想保守，缺少变易思维，正如固步自封、画地为牢，其结果将导致经营惨败。

经营者以变易思维进行战略决策和动态管理，具体地讲，可以包含如下几个方面：

第一，以动态的、辩证的思维和眼光，制定灵活的、可行的经营计划，避免头脑简单、思想固执、自以为是和孤傲自赏。《周易》"观卦"借举祭祀之例说明要以变化的眼光、从具体情况出发、不能一概而论的道理。古时祭祀，都是先灌酒后献牲，"盥而不荐，有孚颙若"，用做祭牲的俘虏被打伤了，不宜用于献神，因而不能荐献。

第二，要善于进行经营机制的革新，不能卤循守旧。特别是在目前，我国正逐步实现着从计划经济体制到市场经济体制的转轨，企业正面临改制，现代企业制度正逐步实施。因此，进行经营机制的革新尤显重要。《周易》革卦以战争为例贯穿"变"的思想主线，说明

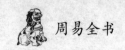

"变"的重要性。"革言三就，有孚。"言者，靬也，指马胸带。原先马胸带未束紧，马跑不快，因而战败，后来把马胸带绑了三匝，马车飞奔，打了胜仗，捉到了俘虏。

第三，要注重研究外部市场及环境的变化对自身经营管理的影响。"关起门来过日子"是不会长久的。目前，我国即将加入WTO，这将对国内务行各业产生严重冲击，我们不仅应着眼于国内市场的变化状况，更应着眼于国际市场的发展趋势。当今时代，世界市场的变化特点是多元的，变易思维也正是要求我们以"变"为世界第一公理。因此，经营管理者必须知变、善变、适变、权变、顺变，只有掌握"变"的枢要，才能在市场中求生存、图发展、站稳脚。

值得注意的是，《周易》的变易思维是指"变"与"不变"的对立统一，并非认为"瞬息万变"是事物发展的全部，相反，它亦十分重视"不变"的重要性。在一定的条件下，"不变"、"稳定"、"和谐"等同样是十分重要的。这对于经营者在必要的时候适度保持"以一贯之"的经营方略，求得"以不变应万变"的效能也有重要的现实性启示。变易思维内在地包含着"变"与

"不变"两个有机的联系方面。变易思维强调"变"与"不变"的对立统一，既是运动变化，又要和谐变动，这是自然社会的基本法则。

也正因为这种思想，和谐成为中国古代哲学思想的精华，正如孔子讲"仁"也首言"和谐"，和谐的时代才产生兴旺的历史。所谓历史上的"少康之治"、"文景之治"、"贞观之治"、"开元盛世"等都是一种和谐施政的结果。著名西方学者哈肯教授曾指出"协调导致有序"；英国哲学家汤因比也说："当今人类已掌握了可以毁灭自己的技术手段，同时又处于极端对立的政治、意识形态的营垒，最需要的就是古代中国哲学的精髓——和谐。"

孔子的中庸理论也正得益于这种变易思维的辩证法。"中"即取中，不偏不倚，无过而无不及，亦即叫哈到好处"；"庸"即平，指平易、平素、平常、平时等。

受此启发，现代经营管理者在掌握变易思维时必须防止走极端，认为只要不断"变"就会经营成功，那同样将导致挫折与失败。经营管理者在掌握变易思维的辩证法时，必须注意如下几个方面：

其一，宜变则变，宜和而不分。

"和"是经营文化的最高原则，具体可解释为"和谐"，它贯穿着经营的全过程。无论是企业内部，还是买卖市场两方都应以"和"为基础，求大同存小异。大家的利益应是你中有我、我中有你、相需相因、相互依存、互补互益的关系。

其二，阴阳平衡，刚正不屈。

阴为阴柔，阳为阳刚；阴阳平衡即阴中有阳，阳中有阴；"刚正"恰是中庸、中正。对于经营者而言，应做到刚柔相宜，应将《周易》中的"天行健，君子以自强不息；地势坤，君子以厚德载物"作为自己的座右铭，时刻体悟，时刻自励，自觉地贯彻到日常的经营活动中去。

其三，循环往复，周而复始。

变易思维并不仅仅停留在"变"与"不变"的统一上，而且内在地包含着事物在这种对立统一中的"圆圈式"前进。它认为宇宙万物总是处于永恒的循环往复的进步过程中，无论是自然界还是社会，其产生、发展、消亡的过程总是周而复始的。《吕氏春秋》中也曾讲到这种"圆圈"现象。当然，《周易》是对这种思想的最早表述，"周"字之解释也包含"周环"、"四周"、"循环"的意思。《易传》中有言"日往则月来，月往则日来，日月相推而明生焉。寒往则暑来，暑往则寒来，寒暑相推则岁成焉。往者屈也，来者信也，屈信相感而利生焉。"这种思想对于现代经营者最富启发意义。经营需不断开拓市场，新旧更替是应有之事，抱残守缺只能贻误企业发展，开拓与进取是经营管理的生命线。

由此可见，《周易》的变易思维实际上是一种关于"变"与"不变"对立统一的辩证法思想，这也正解析了"易"的几个层次，即变易—简易—不易。

《周易·系辞上传》第一章就强调简易之理。从"乾以易知，坤以简能"起，说明万事昭明公开，易知且简而能。又有"易则易知，简则易从。易知则有亲，易从则有功，有亲则可久，有功则可大。可久则贤人之德，可大则贤人之业。"最后提出："易简，而天下之理得矣；天下之理得，而成位乎其中矣。"易者本身包含易简之义。那么，何为简易？这是指在纷繁复杂的事物及其运动过程中，总存在着一般性的规律与简洁明了的本质，人们应注意发现之，以利于在复杂之中求得简易，并找出一般的、通常的、适宜的解决办法。经营者

在错综复杂的现实关系中，既面临着尔虞我诈的商务关系，又面临着四面八方的信息网络；既经受着内部机制的多种限制，又经受着外部环境的诸多约束。这种状况恰恰需要经营者善于求得简易，即做到理清商事、去粗取精、内外协调、上下沟通，做到不被复杂的表面现象所迷惑、不被眼前的暂时状态所困扰，而始终明见本质、统领全局，这是一种非凡的"简易"功夫。当代许多著名的学者特别强调"简化"的重要性。

"不易"是指事物的本质与规律，这是事物的根本法则。东汉郑康成提出了"易即不易"、"不易者，言天地定位，不可相易"的绝妙论断。对于企业经营者而言，"不易"可以包括许多方面：

一是做人的基本道德原则不可易。公正无私、从善从德、凛然大义等中华传统美德是应永恒保持的，不可有见利忘义、见钱眼开、欺行霸市、乘人之危等有悖于"君子黄中通理"之事。另外，修身、齐家、治国、平天下的人生目标也始终是不易的。

二是自强不息、刚健不阿的精神。不管处于何种境地都应不断创新与发展，做到"处逆境而不法，遇挫折而自强"。

三是国家的大政方针法律法规不可易。作为经营者应遵纪守法，决不做违法乱纪之事，要深知"善不积不足以成名，恶不积不足以灭身"的道理；应学习和掌握国家的路线、方针、政策，特别要学习市场经济理论，以市场经济的规则来规范自己的经营策略与实践，避免盲目性、机械化，尽量少走弯路、少遇挫折。

四是当代人们对产品、商品的价值需求与目标是不易的。这种价值标准是人们经历了长期的生活实践而形成的，具有长期的稳定性，作为满足市场需求的经营者必须遵循这种价值标准的不易性，例如，人们追求产品的小型化、简便化、耐久化、节能化、美观化；自动化、安全化、环保化等等。把握了这种价值标准的不易性，以利于经营者适时调整生产和经营产品类型，满足了市场的需求，是经营成功的首要原则。

变易思维应用到现实的企业经营与管理中将收到显著成效，有些应用可能是非自觉的。有报刊披露上海第二毛纺厂实行"动态管理"，由原来"弱不禁风、贫病交加、生产滑坡、效益下降、人心涣散的企业"茁壮发展成为全国同行业的巨人，还拯救了12家大中型企业，使1万多名亏损企业的职工安居乐业。其"动态管理"

在于提倡不断创新，而且"让大家有经济头脑"，厂长万德明的一席话概括了其动态管理的精义："世界在变，世界的经济结构也在变，……作为一个管理者，就是要不断调整管理战术去适应形势。"

《周易》是一部仰观天文、俯察地理、中通万物之机、远究天际、近取人情的"大书"。它是通古今之变、阐人生之道的大学问。易的要义就是变，变易思维也就是《周易》的最高方法论原则。经营管理者如能体悟变易之道即可达到无为而治、无往不胜的最高境界。正如《系辞传》曰："形而上者谓之道，形而下者谓之器；化而裁之谓之变，推而行之谓之通；举而措之天下之民，谓之事业。"经营管理者只有掌握变易思维，进行动态管理，坚持"变中不变"、"有所变有所不变"、"以不变应万变"，把握"适时而变"、"应时而化"等的辩证法，才能在千变万化、风雨交加的市场竞争中寻得恒久之道。

《周易·系辞上》指出："易有太极，是生两仪，两仪生四象，四象生八卦，八卦定吉凶，吉凶生大业"；又说："盛德大业至矣哉，富有之谓大业，日新之谓盛德，生生之谓易。"这些文字在阐述宇宙生成图式的同时，既表达了一种高明的太极思维方式，又涉及到掌握这种思维方式对于进行经营管理、成就社会大业的现实意义。

那么，何为太极思维？

《系辞》云："易有太极，是生两仪，两仪生四象，四象生八卦。""太极"是宇宙一元的两面——阴与阳，天地阴阳形成整体。太极即阴阳未分时浑沌的广大之气，太极之变，即成阴阳，阴阳相摩而生天地，天地之变而生金、木、水、火、土，金木水火土之变而生天、地、水、火、风、雷、山、泽，是谓乾、坤、坎、离、巽、震、艮、兑八卦。由八卦相重而产生六十四卦，又三百八十四爻，以此来容括万物、涵盖万象、统贯天地。这正是太极进化的逻辑结构。因此，太极思维首先是一种整体思维。

"太极"表明了宇宙的本原式本体，它又与两仪、四象之间相互涵蕴，浑然一体，正如朱熹所言："自太极而分两仪，则太极固太极也，两仪固两仪也。自两仪而分四象，则两仪又为太极，四象又为两仪矣。"朱熹所言表明了"太极"与万物的关系，太极生化万物，但又不独立于万物，而是寓于万物之中。唐代易学家孔颖

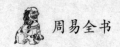
达在《周易正义》中也将太极看做一个整体，即"天地未分之前，元气混而为一"的浑然整体。这启示人们，太极思维具有整体性特征。

先天八卦即伏羲八卦，极高妙地表明了太极思维的整体性特征。《易传》中曾就八卦的位次排列借以说明整体的时空定位，"天地定位，山泽通气，雷风相薄，水火不相射"，四个对立的卦组"两两相偶"，正如邵雍所言"乾坤定上下之位，坎离列左右之门"。

《易传》中所说的"数往者顺"是指从震四到乾一为阳升；而"知来者逆"则是指从坤八到巽五为阴息。所说"天左旋，地右转"则分别是指自乾一至震四、自巽五到坤八，正说明天地运转的整体法则。关于四时与四方亦作出了规定。天之阳为兑主春分，巽交天阳而阴生主夏至，艮为在地之阳主秋分，震始交阴而阳生主冬至；离为日，日升表东方，坎为月，月起表西方，乾南而坤北。

再进一步讲，《周易》六十四卦也突出地表现出整体性特征。《序卦》说："有天地然后万物生焉，盈天地之间者唯万物。"甚至每一卦的卦体也显示出整体性结构。

伏羲八卦对于时空的统一性规定正反映了思维的整体性特征。而且,"易之为书也,广大悉备",天、地、人三材尽有。太极思维要求人们观察分析任何一事物或任何一个人时应首先将其视为一个整体、看做一个系统。因而,任何事物都具备一般特征,任何一般又离不开个别,既没有脱离一般的个别,又没有离开个别的一般。太极思维应用于现代经营与管理,要求人们应善于整体驾驭。

第一,经营网络自成系统,自上而下,由总统分,防止挂一漏万。

若干个经营子系统隶属于一个经营母系统。母系统离不开子系统的支撑,子系统离不开母系统的统领。只有上下一致,整体和谐,才能共创经营业绩。

第二,处理好局部利益与整体利益的关系。

在经营的过程中,各分支机构要注意从整体利益出发来开展各项业务,不能只顾局部的集体利益或个人利益,要知道没有整体利益就没有局部利益的道理。作为经营主管者在强调维护整体利益的同时,也应采取一定的激励手段充分调动全体经营者的积极性,从而发挥出最佳效能。

第三，处理好眼前利益与长远利益的关系。

眼前利益往往容易引起经营者的首先关注，若经营者鼠目寸光势必将采取杀鸡取卵般的不良措施，其结果是前功尽弃、半途而废，更谈不上获取长远的利益。例如只看到一时的市场需求盲目扩大生产，只注重提高产品数量而忽视质量，只维持已有客户关系而不注重开拓新市场，如此只能坐吃山空。

第四，全面掌握市场信息，坚持适销对路，注重培育畅通的销售渠道。

精明的经营管理者，总是能从市场全局出发，不放过任何一条市场信息，不忽视任何一个经营环节，适时地改进各项经营策略，从而保持经营渠道畅通、市场经久不衰。

第五，以"生生不息"的发展眼光指导企业经营与管理。

作为一个现代企业必须着眼于本企业的"过去—现在—未来"的发展全过程，从产品的研究、开发、生产直到销售的每个环节出发，去制定经营策略，设计科学工艺，生产合格产品，并及时占领市场。而每一个环节都不是孤立的，应互相照应、互相协调，求得健康的、

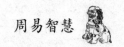

整体的发展。

另外，太极思维亦要求经营管理者要在整体经营实践过程中以圆满的、和气的姿态对待自己的同事和部下，讲究太极完整，尊重他们的人格尊严，刚柔并济，阴阳和谐，不偏不倚，发挥每一个人的"太极"思维，以求经营管理事业生生不息，繁荣昌达。

在这里，需特别分析一下由太极思维推出的系统论经营与；管理方法。太极思维的整体性特征内在地包含着系统性原则，整体性不可排除联系性。所谓联系性即是事物内部和外部的联系、直接与间接的联系、现象与本质的联系、形式与内容的联系、偶然与必然的联系、对立与统一的联系等诸多关联性因素的统一体。这种联系性表明了事物的系统性存在。而事物的系统性存在又要求我们以联系的而不是孤立的、系统的而不是分割的、统一的而不是单一的眼光去观察、研究和分析问题。诺贝尔奖金获得者、理论物理学家、曾提出耗散结构论的普利高津在一次演讲中曾说："西方科学对自然的看法是确定论的、精确的和解析的，而中国文化则是一种整体的或现在我们叫做系统论的观点。"显然，他对于中国文化的整体性思维持肯定态度。现代经营与管

理自成系统，因而必然存在着经营与管理的系统论方法。

将《周易》的太极思维和系统观输入到现代经营与管理之中，进行方法论指导，将大有作为、天地洞开。我们都知道，战后的日本一方面吸收西方的经营管理理念，另一方面又采纳了东方文化，特别是儒家文化当然包括易学精神的精华，建立了"天、地、人、仁、义、礼、智、和"等崭新的经营理念，使得日本经济飞跃发展，跃居世界前列。这是中西文化融合的系统观念应用的成功先例。

分析现代经营与管理的系统论方法，可以得出如下启示：

其一，以"人"为核心的"三材"系统论方法。

在现代企业经营与管理的组合系统中，"人"是企业的核心，企业是人的企业，尊重人、重视人已成为现代企业的共同理念。"易"之三材即天、地、人，天时、地利、人和是成就事业的三大方面。若将"三材"与现代企业经营与管理的构成要求相对应，则可以分出机构、机制、规定、员工、资产、信息、时间、资金等诸多方面。其中"人"是起决定作用的因素，这已被现代

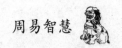

企业的经营与管理实践所证实。

其二，注重"买—卖"市场对立统—系统的平衡状态。

市场的供需关系即买卖关系决定了市场的平衡状态，经营与管理者必须注意研究和掌握这种状态，并将其作为企业行为的向导。阴阳两仪是太极的两面，代表事物相互对立、相互依存的两个方面，也是对宇宙万物及现象的高度概括，阴阳的平衡状态决定了事物的存在、发展与消亡。事物运行宜"用中"，不可偏废，"执两用中，中和为常道，中和可常行"。因而，企业经营亦应时刻关注市场运行状况，避免盲目性和片面性。

其三，增强现代企业经营与管理的"人文化成"意义。

《周易》最早提出"文化"即"人文化成"的原典性范畴；太极思维的系统性也启发人们不能仅仅把经营与管理局限在社会经济领域之中，更应把它放在社会大文化的背景之下去进行，并且逐步建立起社会效益和经济效益并举的、高水准的经营文化。以人文来化成"经营"应是对传统的、狭义的经营方式的"消解"，亦应是经营学研究的"革命性"进步。

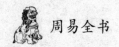

总之，太极思维首先是一种整体思维，要求经营管理者善于做到整体驾驭。同时，它还是一种形象思维、直觉思维，又是一种富含灵感的特殊性思维。这种思维对于现实生活世界的作用是至高无上的，用心体悟，将受益无穷。现代社会的经营与管理受到现代工业理性的制约，有待于通过掌握和运用先人留给我们的这种宝贵财富，找寻富有革命性成效的、超越传统模式的、富有文化底蕴的经营管理新理念和新天地。

《易传》曰："一阴一阳之谓道。"阴阳的相互作用构成万事万物存在的机理，由此体现了易学中的阴阳思维。阴阳之道包括如下几个方面：

其一，阴阳是事物存在与发展的两个方面。这两个方面无时无刻不处在矛盾的对立统一之中，双方各以对方的存在为己方存在的条件；万事万物负阴而抱阳，冲气以为和。宇宙万事万物无论多么复杂、有多少表现形式和发展趋势，无不包含阴阳这两个方面，反过来讲阴阳可以包含万事万物，阴阳可以包容万千。

其二，阴阳之交决定了事物的变化与发展。事物由小变大、由简而繁皆取决于阴阳之道；正是由于事物阴阳的相互渗透、互补和此消彼长这种相反而又相成、斗争而又统一，构成了事物生生不息的发展过程。

其三，阴阳标识着事物的性质。"阴"通常表达着宽阔、柔弱、深沉、晦暗、内向、向下、虚空、冷静、封闭等；"阳"通常表达着激烈、刚健、积极、明亮、外露、向前、扩张等。这两种相反的趋向互为作用，其结果表现出事物的存在现状与性质。不同的阴阳属性必然有着不同的表现形式。

阴阳思维是太极思维的进一步延伸。作为一种理性思维，它重在强调阴阳之道的和谐统一与辩证对立，有着极强的统摄性和包容性；作为一种系统性思维，它力图用阴与阳的对立统一来说明宇宙万物的生成与动因，有着极强的一般性与概括性。阴阳思维把纷繁复杂的现实世界化繁为简，归结为阴阳两大类，提出阴阳之道是宇宙的根本法则，这在一定程度上解释了世界万物及其现象的运动规律，不失为我国古代朴素辩证法的精髓之一。

阴阳思维要求人们在思考和研究事物存在、发展、消亡的时候，必须坚持阴阳辩证法，通过阴阳之间的相反相成，来说明事物存在与发展的根源。它对于指导人们正确地认识世界，把握事物，揭示存在的本质，理解

事物规律具有重要的意义。现代经营与管理若能贯之以易学的阴阳之道和阴阳思维，注意把握阴阳的平衡与不平衡的辩证法，经常保持"太和"状态，将会收到不可估量的效能，正所谓"盛德大业至矣哉"。

第一，经营管理者自身要具备"刚柔并济"的素质。

"刚柔并济"向来是中国传统的价值观，"君子知微知彰，知柔知刚，万夫之望。"《系辞上传》云："动静有常，刚柔断矣。在天成象，在地成形，变化见矣。是故刚柔相摩，八卦相荡。"对于一个经营管理者而言，有刚有柔才能成就事业。又云："八卦成列，象在其中矣；因而重之，爻在其中矣；刚柔相推，变在其中矣。"恰当地发挥自己的"刚"与"柔"的不同方面，使之相推、相荡、相摩，就能不断实现企业在不同的发展阶段上的各项指标和任务，引发企业发生巨大的变化。其中，"刚"的方面可以包括如下品质：刚健、不屈、积极、主动、无私、无畏、聪慧、团结、敢于负责、以理服人和善于管理等；"柔"的方面可以包括如下品质：关爱、细心？温和、宽容、沉着、耐心、无为而治、以情动人和讲究艺术等。"刚柔相济"正所谓"文武之

196

道，一张一弛"，要宜"刚"则刚，宜"柔"则柔，一刚一柔，一主一从，其结果必然形成一种相互亲和、彼此融通、积极向上的氛围。

第二，善于运用和处理企业内部诸方面的力量和关系。

阴阳思维十分重视考察事物内部及诸事物之间的矛盾关系，认为任何事物的存在与发展都是内在阴阳双方相推相荡的结果。《系辞上传》说："乾坤，其易之蕴耶，乾坤成列，而易立乎其中矣。"说明阴阳双方的相推、相荡是世界一切变化的内在根源或根本原因。经营一个企业或运营一个单位、城市甚至国家，都应注意运用这种阴阳思想。

首先，要注意分析内部矛盾关系，看哪些是主导的、刚健的、积极的一面，哪些是从属的、阴柔的、消极的一面，并注意分辨出各自的力量对比，以便于有针对性地作出决策和对策。

其次，要注意把握、协调、引导对立双方的矛盾关系，把阴阳双方的对立统一状况控制在有利于发展的最佳状态，即尽量实现矛盾双方对立统一、协调一致的"度"。就一个企业而言，即是要着重培养和协调内部诸

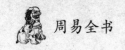

方面的力量关系，从培养"人"、管理"人"的角度，建立健全各种规章制度；通过科学机制的形成来激活并敦促企业以良好的、健康的速度发展。

第三，善于区分生产与销售过程中的阴阳方面和关系。'这最能体现"易"的功夫。如果在生产与销售过程中阴阳混淆、阴阳颠倒，企业终将破产。正所谓"乾坤毁，则无以见易；易不可见，则乾坤或几乎息矣。"没有了矛盾、没有了阴阳，谈何存在！一个企业概莫能外。

如何确立生产销售过程中的阴阳关系呢？答案是要善于"理阴阳"。在现代化企业管理中，生产要顾涉市场需求和生产能力。市场是准绳，能力是限度，制定生产任务和目标必须注意阴阳平衡，否则"过犹不及"。若把握不了这种阴阳平衡关系，则可能导致或者生产过剩、供过于求或者生产不足、劳力闲置、供不应求，这都不利于发挥企业的最佳经营。只有把握好阴阳平衡关系，才能充分发挥企业的各种潜能，实现企业。的最大利润。

在世界经济全面市场化的条件下，销售不仅仅要完成推销任务，还应反馈市场状况，为企业发展提供可资决策的素材。这其中也有一个阴阳区分与把握的水平问题。一要客观地反映产品在市场中的"供求"关系，把握市场的阴阳状况；二要科学地预测市场发展态势。在深入地进行市场调查的基础上，要透过现象看本质，不能一叶障目，不见泰山。只有这样，才能使企业不断开发和提供技术先进、足质足量、适销对路的产.品，满足社会和市场需求，保持企业的良好发展势头。

第四，善于亲和同行，凝聚人心，成就盛德伟业。

"立天之道，曰阴与阳。"天地相交，阴阳通气，万物兴隆。正如《彖》曰："天地交而万物通也，上下交而其志同.也。"小到一个单位，大至一个邦国，只有大家亲和保合，团.结一致，保持大局无隙，才能兴旺发达。尤其是作为执政者更：应抱有远大政治理想，善于亲和同行，总揽全局，体察人心，：即如《彖》所言"圣人感人心而天下和平"，从而达到"水之·依地，地之承水"的亲密无间。这是成就盛德伟业的前提和基础。对于一个企业而言，经营与管理者若能体悟这种阴阳之道，运用阴阳思维去调整和驾驭各种人事关系，保持企业的稳定与发展，是何等重要！

总之，阴阳思维作为一种朴素的辩证思维，对于现

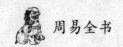

代经营与管理有着深刻的指导意义。尽管这种思维比较直观和简单，但标识着世界万事万物的普遍原则和根本法则。由这种思维可以直接启发出"保合太和"的经世原则，对于现代经营与管理而言，能够达到"保合太和"将是一种最高要求和最佳境界。

朱熹在《周易本义》中特别看重"保合太和"的重要性，他说："万国各得其所而咸宁，犹万物之各正性命而保合太和也。"宋代思想家程颐也说过："天地之道，常久而不已者，保合太和也。……乾道首出庶物而万汇亨，君道尊临天位而四海从，王者体天之道，则万国咸宁也。"这种"保合太和"也正是由"天之道"——阴与阳的关系推论出的经世准则。阴阳思维所追求的终极目标也正是"保合太和"。任何事物内部或事物之间的矛盾总有双方的相互乖离睽违，也总是需要一个对立统一的过程，一方面，要斗争并且持续进行，另一方面将有"其事同"、"其事通"的结局。但是"保合太和"则是其双方"各正性命"的结果。作为一个企业离不开先进的管理与经营。它所追求的"保合太和"，是通过经营管理者所建立的、以自我调节为手段而达到动态平衡的内在机制来实现的。作为经营措施，需要包含计划、组织、协调、实施、财务、管理等，每一个环节也将包含矛盾，而整个过程更是多重矛盾关系的统一体。这些矛盾关系互相对立、互相制约、互相促进，共同发挥各自的作用。如果注意整个过程包括各个环节协调运作，那将获得一种动态的、积极的平衡，正所谓"保合太和"，从而有利于促进企业的发展。'

'经营管理者要时刻注意预见和发现经营过程中的各种不良事端，并及时将其消除在萌芽之中。产品的市场投放、营运过程的管理、翔实计划的制定与实施、市场信息的调研、流通渠道的通畅等都应引起特别关注，要做到具体问题具体分析，要对症下药，及时消除障碍。中国加入世贸组织后，许多行业将面临巨大冲击，每一个企业都必须调整和补足缺乏国际竞争力的方面，特别是要在引进西方经营与管理机制的同时，努力探索适应世界市场经济的、符合东方传统思维的管理模式。这就要求将东方传统思维及文化应用到现代企业管理中去。阴阳思维与"保合太和"观要求从企业整体利益出发，着眼于从生产到销售的管理全过程，灵活处理各种矛盾关系，以保证企业的均衡、和谐发展。作为经营管理者更应该将阴阳思维与"保合太和"观内化为自己的

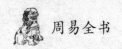

素质，不断拓宽视野，增长经营才干，提高管理艺术水平，在振兴盛德伟业的同时，发扬光大易学思维及其方法论意义。

《周易》认为，无极生太极，太极生两仪，两仪生五行。所谓五行，一曰水，二曰火，三曰木，四曰金，五曰土。五行之性，水曰润下，火曰炎上，木曰曲直，金曰从革，土曰稼穑。五行各具特性：水具有寒冷、向下的特性；火具有火热、向上的特性；土具有长养、化育的特性；金具有清静、收杀的特性；木具有生长、条达的特性。五行之间最基本的关系是相生相克和相辅相成，其次是制化乘侮等结构关系。一般而言，五行之间的生克关系是固定不变的，即木生火,、火生土，土生金，金生水，水生木；木克土，土克水，水克火，火克金，金克木。五行之间的每一行，总是充当着"生我"、"我生"、"克我"、"我克"四种角色。这种相生相克关系，是在动态的平衡与不平衡中进行的。

所谓五行思维，是继阴阳思维之后更为具体化的思维方式，即是用以揭示和说明宇宙万物之间都有一定的组织结构和构成模式（见下表），其运动、变化、消亡都是由五行之间相生相克和相辅相成关系来决定的这样一种思维方式。

五行所属	木	火	土	金	水
季节	春	夏	长夏	秋	冬
乙卦	震巽	离	艮坤	乾兑	坎
数字			五	四	
方向	东	南	中	西	北
天干	甲乙	丙丁	戊己	庚辛	壬癸
地支	寅卯	巳午	丑辰未戌	申酉	亥子
脏	肝	心	脾	肺	肾
腑	胆	小肠	胃	大肠	膀胱
五腧	井	荣	俞	经	厶
					口

颜色	绿	红	黄	白	黑
味觉	酸	苦	甜	辛	咸
情欲	怒	喜	忧	悲	恐
五官	眼	舌	口	鼻	耳
声音	呼	笑	歌	哭	呻
五津	泣	汗	温	燥	寒
五体	肌膜	血脉	肌肉	皮毛	骨髓
五音	嘘	呵	呼	器	吹
五律	角(牙)	徵	(舌)	宫(喉)	商(齿)	羽(唇)
五常	仁	守		信	义	智
五劳	步	视	坐	卧	立	

五精	魄	神	意	魂	志	
五恶	风	热	湿	燥	寒	

其一，世界万物都有五行结构。纷繁复杂的物质世界并非是杂乱无章的，而是具有一定的结构性征。正是由于世界万物的阴阳二气及其相互摩荡，才形成了事物的五行结构。任何一事物都由金、木、水、火、土五种物质元素构成，五行之间同气相求、相应、相通或者异气相克、相反、相背。这种相生相克关系决定了事物的存在及其运动状态。五行思维的方法论之一即是试图把所有对象都当做整体来看待。

其二，世界万物都须遵循五行法则。所谓五行法则是指宇宙万物的运动必须通过一种相应相通的五行关系来支配。五行法则是事物运动带有一定的规律性的直接原因。实际上，整个宇宙就是一个以四时（春、夏、秋、冬）和五方（东、西、南、北、中）为核心的宏大的时空系统，四时运行、五方更换极大地决定着世界万物的产生、变化和消亡。这就必须使世界万物的运动呈现出共同的普遍的规律性。可见，阴阳的变化决定了五行的制化，五行的制化决定了时空的变换，由此而天地合气，万物化生。"在逻辑上，我们可以把五行的结构关系看做阴阳关系的展开。事实上，在自然界和一切事物的每一运动过程中，不一定只是两个方面在发生作用，而往往是两个以上或诸多的方面交错地发生作用。许多复杂的作用系列，尤其是生物机体的变化，从根本上看是阴阳相反相成，具体分析却是一个具有复杂结构的反馈系统。所以，需要五行这样的系统模型来说明。金能克制木，木虽然不能直接反作用于金，但是木通过生火，能够达到反过来克制金的作用。金生水，水虽然不能直接反作用于金，但水能生木，木能克土，土由于被克因而减少了对金的滋助，从而使金受到制约。五行之中的每一行向其他行发出的任何作用，都会由于五行之间特有的生克胜复关；系得到一个相应的反作用，使五行在一般情况下总能在运动的过程中保持整体平衡。因此，可以说，五行的相生相克、胜复制化，是阴阳关系延伸和扩展开来的一种具体表现，而阴阳是对这些具体结构关系的更高概括。"

当然，事物的五行结构与五行法则之间的关系也是互生互化的。五行结构是事物五行法则形成的内在原因，五行法则又反过来构成事物的同构关系，即正由于事物运动的周期性、秩序性，而使事物的五行结构进一步形成和显现。五行结构与五行法则共同表达着事物的生克关系，这种生中有克、克中有生、相反相成、互为功用的关系推动和规定着事物的运行与发展。

那么，五行思维有何特点呢?

其一，五行结构是世界万事万物的共同构成方式，是事物具有统一的内在结构的根源。因此，五行思维要求人们认识事物时必须以一种统一的逻辑相似性为依据。

其二，五行法则是万事万物运动、发展、变化的统一规定。研究事物的运动状态、运动形式、运动特征，必须从事物的内在结构和五行法则的关系上、从事物与外部环境的联系上出发，把事物作为一个整体的、联系着的对象来看待。

其三，五行结构和五行法则是事物运动、变化呈现出"不平衡——平衡"不断转换的根本原因，这就要求人们在分析问题、认识事物的过程中，必须以一种动态

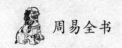

的眼光，从生克制化的角度去进行。

值得注意的是，五行思维尽管具有深刻的辩证法特征，但要避免形而上学地看待和应用。五行结构模型在一定的范围内和一定的程度上反映出事物的规律性，但不可能是对事物结构的客观而科学的说明，它只是提供了一种思维方法，人们应借助于这种方法，从事物内在的逻辑关系出发去探求事物的内在本质和属性。作为一种直观思维，五行思维具有一定的局限性，表现在简单的、粗略的、片面的对物质属性（木、火、土、金、水）和关系（相生相克）的普遍性推衍，难以全面地对世界作出真实的说明，而且带有经验论、机械论的色彩。

但五行思维毕竟是古人长期生活实践的产物，现实生活中的五方、五气、五脏、五律、五色、五味无不证示着世界的五行关系图式，它在一定的程度上粗略地揭示了宇宙万物的构成模式和运动规律，必然具有一定的价值意义。对于现代企业经营与管理也自然具有直接的启发意义。现代西方企业特别是日本，一般的生产和经营组织往往以五人为一单位，其工作效率达到最优。这是一个五行思维应用的典型事例。

五行思维对于现代企业经营与管理的应用性价值是多方面的，有人将经营中的几大要素，例如投资、财政、产值、消费、积累等用五行来对应，通过金、木、水、火、土的相生相克关系来表达这几大要素的相互影响、相互作用的互动关系及其运行的内在规律。例如，"投资"取象为"土"，表明由资金固化为资本的基础性特征；"产值"取象为"木"，是对投资的消耗，即木克土。"木"性可生，因而表明生产的自然增长。同时，有人将生产经营的全过程"生产—销售—投入—效应—再生产"划分为"五行流程"，即"生产资料—产品—利润—技术与广告—市场"。

综观人们对五行思维的创造性理解与应用，无非包括直接；应用和间接应用。间接应用包括了对五行思维的价值性发挥。例如，人们从五行思维推断出现代企业经营与管理过程中"公平竞争"的重要性。在市场经济体制下，每一个企业都必须面对竞争，"物竞天择，适者生存"是竞争的普遍规律。随着我国市场经济体制的日渐完善，竞争虽越来越激烈，但其健康化、正规化、公平化趋向愈来愈强。中国传统的道德规定在这方面有着明确的价值标准，"君子喻于义，小人喻于利"、"君子爱财，取之有道"等，昭示人们在市场竞争中不要见利忘义。五行思维对于人们坚持公平竞争有哪些启发呢？

其一，市场经济是由一定的经济结构组成的，各构成要素之间的关系也正如同五行关系一样有着相生相克、相通相分的阴阳两方面。没有"生"就没有经济增长，没有"克"就没有经济的平衡与协调，也就没有竞争。这种相生相克要求生中有克、克中有生、相反相成、相互为用，正恰当地表达着市场经济条件下"公平竞争"的良好状态及其重要意义。

其二，市场经济必须遵循一定的经济法则，在市场经济三大规律（价值规律、竞争规律、供求规律）中，竞争规律最能显示出市场经济的活力。这就如同五行关系正规定了事物的运动、变化一样。公平竞争已成为市场经济发展的内在要求。所以，日常的经济活动甚至政治、文化活动都必须以建立和维护社会的公平竞争为必要条件之一。

其三，五行思维认为五行结构具有保持动态平衡的能力，同样，市场经济条件下的竞争也有一个动态平衡的问题。动态平衡的竞争必须是公平竞争，没有公平，谈不上平衡，更谈不上动态。要保持市场经济持续、健康、高效地发展，必须通过公平竞争等形式来维护其动态平衡。

其四，五行思维要求把事物看做一个整体、并且认为事物内部五行之间的生克关系存在着"强"与"弱"、"盛"与"衰"的关系。因此，在市场竞争中，也必然存在着力量对比。这就启发人们面对市场必须增强自身的竞争力，一时处于劣势也不必悲观失望，要设法由劣势转化为优势，积极参与市场公平竞争。

其五，土、木、金、火、水"五行"，其属性由静到动，动静结合，层次分明，井然有序；市场经济也只有建立公平竞争的机制，才能保持社会经济的有序性、动态性、灵活性和有效性。五行之中"水性"最强，市场经济下的公平竞争应提倡"水性"。老子有言"上善若水"，"天下之至柔，驰骋天下至坚"，可见"水性"的力量之大。现代企业在激烈的市场竞争中，具备

"水"的品性是非常重要的。只有具备"水性"才能避实就虚，以柔克刚，战胜对方。正如《孙子兵法》所言："水无常形，能因敌变化而取胜者，谓之神。"

《周易》的五行思维把世界万物的内在结构归结为"五行"，把世界万物的运行规律也归结为"五行"，"五行"之间相生相克的关系决定了万物不同的运动状态和不同的变化程度。这是一种素朴辩证法和唯物论。作为一种直观性思维，"五行"思维已经内化为中华民族传统的思维方式之一，它对于指导人们按照事物内在的逻辑要求去推论事物本质、发现事物之间及事物内部的有机联系有着重要意义。这种思维方式应用于企业的经营与管理有助于培养人们客观的、科学的经营理念，建立健全并维护社会的公平竞争，发挥企业的最佳效能，取得良好的企业效益，进而使企业能够在市场经济的大潮中稳步发展。

《系辞》有言："是故易有太极，是生两仪，两仪生四象，四象生八卦。"八卦即八经卦，是由四象（太阳、少阳、太阴、少阴）推演而成，包括乾、坤、震、艮、离、坎、兑、巽。八经卦之重演构成易经六十四卦。八卦起源于："古者包牺氏之王天下也，仰则观象于天，俯则观法于地，观鸟兽之文与地之宜，近取诸身，远取诸物，于是始作八卦，以通神明之德，以类万物之情。"可见，八卦之"源"正在于天地之"象"、"法"、"文"、"宜"，是对客观世界的高度概括。

从易之本体"太极"到六十四卦恰如一棵大树的"根"、"干"、"枝"、"叶"的分化关系，体现了事物生成的过程。对此邵雍做过如下论述："是故一分为二，二分为四，四分为八，八分为十六，十六分为三十二，三十二分为六十四，故曰分阴分阳，迭用刚柔，易六位而成章也，十分为百，百分为千，千分为万，犹根之有干，干之有枝，枝之有叶，愈大则愈小，愈细则愈繁，合之斯为一，衍之斯为万。"＊易学思维正是这一自然过程的逻辑表达，经卦思维作为易学思维的具体形式，着重于表达宇宙、自然、社会自身发展的特点和趋势。欲理解经卦思维及其意义，首先应对"八经卦"进行系统解析。八经卦的性质及其表象物可以从下表中区分清楚：

另外，八卦还与"时令"、"方位"、"生化"等世

界时空密切相对应。

由此可见，八经卦属性不同，分门别类，共同地反映着世界万物的不同面貌和特征。但作为一种"轮廓"和"框架"，八经卦对世界万物的反映是概略的、简约的。经卦思维正是要求人们在思考问题时要着重识别对象事物的本质属性，了解对象事物的不同功用，从而对客观事物及其规律有一个简要的把握。

经卦思维包含如下几个方面：

其一，一切事物都有自己的本质和属性，都有自己内在的发展逻辑。认识事物必须注意进行分析和归纳，切勿一概而论和混为一谈。

其二，事物内部或事物之间都存在着特定的关系，各种关系都是由不同的事物和方面共同作用的结果。认识事物必须注意从具体事物及其联系出发，防止孤立地、片面地看问题。

	乾	坤	震	艮	离	坎	兑	巽
阴阳	阳	阴	阳	阳	阳	阴	阴	阴

	乾	坤	震	艮	离	坎	兑	巽
五行	金	土	木	土	火	水	金	木
德性	健	顺	动	止	丽	险	悦	人
物类	天	地	雷	山	火	水	泽	风
0家属	父	母	长男	少男	中女	中男	少女	长女

其三，八卦结构是事物存在的时空模型，具有极强的一般性意义。认识事物必须从其整体出发，系统地加以理解，防止以偏盖全。

其四，各经卦之间存在着一定的矛盾关系，既对立又统一，共同维护八卦系统的平衡与稳定。认识事物必须以动态的眼光、辩证的思维去进行，解决问题也尽量以和谐的、平缓的方式和辩证的、灵活的原则去进行。

其五，八卦拟象，是对世界事物的最一般性概括。经卦思维是从现实具体中寻找理性具体的思维，它能够通过卦象的推演、阴阳的变化揭示出世界万物的不同本

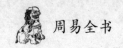

质、特性和状态。

八经卦从阴阳到五行、卦德以至于拟物，皆不相同，其功用恰如八仙过海、各显神通。这不仅为我们提供了一种认识问题、解决问题的方法论原则，而且还为我们寻求具有永恒价值且亘古常新的易学真谛提供了最大的可能性。《周易》所阐发的经卦思维，一度成为前人经邦济世、建功立业的普遍原则。在当今时代，经卦思维对于现代企业管理与经营同样具有深刻的启迪意义。经卦思维主张生产经营都应各司其职，各尽其力，同心同德，通力合作，发挥个人的最佳效能。在经营过程中，大家都要挖掘最大潜能，人人自强自立，不断开拓新局面，做出新贡献。《易传》有言"天下同归而殊途，一致而百虑"，只有这样，经营才能兴盛，企业才能繁荣。

那么，运用经卦思维如何才能做到"八仙过海，各显神通"呢？

首先，要营造一种宽松和谐、积极向上的良好局面。《易传》指出："唯君子能通天下之志"；"天地感而万物化生，圣人感人心而天下和平。"这说明拥有一个良好的经营环境的重要性。作为同事，要心心相印、齐心协力、同舟共济，而不要相互拆台、背道而驰、尔虞我诈。事实证明前者换来的必是兴旺发达，后者则是败落衰竭。

其次，要建立一种争先恐后、百舸争流的竞争机制。企业内部要职责分明，奖罚分明，要有激励机制。在用工制度上，强调竞争性，要讲究人职匹配，用人要做到惟贤而不惟亲，惟能而不惟资，要能者上，庸者下。以能否创造效益和利润为经营好坏的尺度。在分配制度上，则应发挥激励性，坚持按劳取酬，将经营效益与个人收入挂钩，实行奖励工资，多劳多得，避免不劳而获、少劳多得，极大地激发经营者的积极性。

再次，要注重发挥个人的潜能。《周易·说卦》云："立天之道，曰阴与阳；立地之道，白柔与刚；立人之道，曰仁与义。"天、地、人为易的三材。对于人而言，仁与义是人道的基本原则。其中，"仁"强调要以人为中心，正如孔子所言"仁者，爱人"。所以，企业经营必须坚持以"人"为中心，必须以关心人、尊重人为前提。老子也特别推崇"人"的地位和"人"的作用，他曾说："道大，天大，·地大，人亦大。域中有四大，而人居其一焉。"可见，在他眼里，人与天地具有同等的地位。老子又强调发挥人的作用："圣人常善救人，故无弃人；常善救物，故无弃物。"＊说明只要善于挽救与利用人，就可以发挥他的作用。可见，古人特别强调发挥人的主观能动性的重要性。在企业经营管理的过程中，若能以"人"为核心，注意发挥"人"的作用，挖掘"人"的潜能，实现企业的发达与腾飞将成为意中之事。

世事千百，经济万象。现在已拥有 68 亿元固定资产、年产值超 10 亿元的娃哈哈集团的发家史给人们提供了许多有益的启示，其中"自强不息的企业精神，优胜劣汰的竞争机制是娃哈哈集团创造竞争氛围的无形魔杖"。在娃哈哈集团，职员全部实行严格的经济责任制，充分发挥每个职员的最大潜能，给他们提供施展才能的各种机会。该集团实施产品无国界、技术无国界、引进人才无国界的政策，体现了一种开放的、开明的积极氛围。近些年来，公司规模不断扩大，正是由于"八仙过海，各显神通"的发展态势才换来了集团一流的质量与一流的效益。

作为跨国公司的青岛海尔集团，其经营的理念更是体现出传统的经卦文化的精髓。"人人是人才"、"赛马不相马"是海尔崭新的用人理念。企业内部实行公开竞争上岗，人事部门每月公布空岗情况，任何职工都可以上台打擂。海尔总裁张瑞敏说："你能翻多大的跟头，我就给你多大舞台。"海尔非常重视把每个职工的积极性和创造力挖掘出来，能够随时"借助下属之力"、"借助全体职工之力"，并形成合力，不断攻克市场难关。"八仙过海，各显神通"正成为海尔内在的经营管理理念。

经卦思维为人们研究和思考问题提供了一种精巧的思维方法。作为一种一般性思维方式，它尽管难以精微地表达事物的个别特征和具体联系，但为人们融会贯通、举一反三提供了逻辑推演的可贵模式。在世界经济全球化、东方经济将经受西方文化冲击的形势下，通过东方文化如何发挥传统文化的作用，如何对经卦思维进行价值性应用，藉以激发我国企业经营与管理的活力，是一个富有深远的现实意义和深层的理论价值的重要

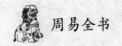

课题。

《周易》是我国古代经邦济世的宝贵经典。它为历代的政治家、商人提供了精湛深奥的易学思维，以供他们藉此治国理财。易学思维是中华民族传统的思维方式之精华，是中华民族传统的经营管理思想的灵魂。它对于现代社会的经营管理也必然具有极强的现实指导意义。

前面，我们循着《周易》的自然逻辑，渐次解析了象数思维、变易思维、太极思维、阴阳思维、五行思维及经卦思维，并分别就它们对于现代经营的启迪作了简要的述评。实际上，这六种思维之综合，即可称之为易学思维系统。那么，整体而言，在学科意义上易学思维系统对于现代经营管理的价值何在呢？

西方社会的工业化革命为人类创造了灿烂的近代文明，为人类文化的进步做出了不朽的贡献。在管理方面，他们创造和总结了许多极有价值的经营理念和管理思想。例如，组织行为理论、动态平衡理论、经营决策理论、系统管理理论、权变经营理论、管理科学理论等，为经营管理科学的发展提供了有益的方法论启发。

然而，随着资本主义文化矛盾的日益显露和日渐激烈，西方管理学由于其极强的实用性、操作性、数理性和具体性而陷入了穷途末路。东方管理理念以其玄妙性、综合性、整体性和神秘感、和善化，逐步获得了人们的价值认同。当西方的实证科学过分地追求对事物局部的、侧面的、深刻的分析而遇到不可避免的困境的时候，许多有识之士已达成了这样的共识：西方的实证科学，应该到东方古代哲学中去寻找理论根据，通过对东方智慧之探求解决当代科学发展之困境问题。易学思维系统所拥有的超越时空的永恒性价值，正是东方智慧之内核与精华，其推广与应·用必将引起西方管理学的"革命"。

易学思维蕴含着一种崇高的、和美的、向上的精神力量，它"极尽幽静，研究神机妙算，通万事之理"。这引起了西方学者的极大兴趣和强烈关注，他们将易学思维贯穿到现代管理之中，进行实用性演用。例如由太极思维推出整体驾驭，由阴阳思维推出保合太和，由变易思维推出动态管理，由五行思维推出公平竞争等，这种研究尽管略显简约，仅停留在一种实用性层面，但不失为一种价值萌芽。

"易"之弥纶经营之道，必能弥补西方管理学之缺憾，易学思维之应用于现代管理学，必能引发易经管理学的智慧性创造。实际上，"易经管理学"是一个古老而又新颖的论题。说它古老，是因为古来《周易》本身就是一部管理学典籍，《周易》中处处充满着管理学警句：

一易与天地准，故能弥纶天地之道……知周乎万物而道济天下，故不过。

——有天道焉，有人道焉，有地道焉，兼三才而祈之

故六，六者非它也，三才之道也。

——天行健，君子以自强不息。

说它新颖，是因为"易经管理学"这个学科概念，首先是由西方的管理学界人士为了走出管理学困境、探求更高层次的管理方法提出来的。当然，"易经管理学"还没有作为一门系统性的学科问世，但概念和问题的提出本身证实了易学思维系统对现代科学的自觉性契入和易学应用的现实性价值。

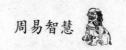

急功近利，亢龙有悔

原文：亢龙有悔。

释义：飞腾到了极限地位的龙，最终将会有所悔恨。

释例：古人说，"物极必反"、"盛极必衰。""亢龙"的出现正是这种事物变化的现象。亢，指极度、高亢双重意思。因为"飞龙在天"，飞得过高，一下子超过了极限，呈不胜负荷的态势。

经文本意告诫人们不要无限度地盲目追求成功，追求名利，要实事求是，居安思危，自我警觉。虽然我们的才能有超常发挥的可能，但并非无条件地超常发挥，如果忽视了客观实际，仅凭主观盲动，只能造成追悔莫及的后果的。

所以，当一个人的成就发展到巅峰时，其本人和用人者都要保持清醒的头脑，既要能看到成功的一面，也要能看到不足或遗憾的一面，只有正确面对现实，及时发现了不足，才不至于让错误的东西也跟着发展，当疵病和错误尚未显示出负面影响时，及时抑制住，是明智

之举；反之，如果让疵病和错误搭快车飞腾，势必使之扩大和铸成"悔恨"。泰罗也是一例。

由于泰罗的自身条件、背景以及当时所处的社会条件，"科学管理"研究的方法、效率、思路等也有局限性，表现为对管理较高层次的研究相对较少，理论深度也相对地显得不足。实际上，"科学管理"理论（或称"泰罗制"）也并非泰罗一个人的发明，正如英国管理学家林德尔·厄威克所指出的："泰罗所做的工作并不是发明某种全新的东西，而是把整个 19 世纪在英美两国产生发展起来的东西综合成的一整套思想。他使一系列无条理的首创事物和实验有了一个哲学体系，称之为'科学管理'。"

因此，当我们在追求成功达到一定的顶峰时，就应该有所收敛，并去总结自己的缺陷和遗憾，防止失败带来自身的懊悔。

轻信纵容，反受其辱

原文：包羞。

释义：受纵容为非作歹，导致羞辱。

释例：如果满足于小人对自己的吹捧而昏昏然，最终会导致自受其辱。

美国迪斯尼公司创办者沃尔特在给妻子写的一封信中说："这个行业是最搅不清的。这个行业没有机智，没有应变能力，没有专业培训是不容易显露头脚的。有些一肚子诡计的人，看起来很可爱，往往是由于没经验，反而容易上当，之所以我没有像羊入狼群，是因为我庆幸我请教了一个人。我很乐观，自信，……我认为很值得让人放心的是包维斯。"

然而，欺骗沃尔特的人，不是别人，正是他非常信任的那个包维斯。包维斯说，卡通影片录音，他拥有一组称为"电影声"的独立录音系统。据说只需要一两位音效人员和五六件乐器即可。沃尔特的信任，使一笔又一笔的钱流进了包维斯的口袋，最后他对沃尔特假惺惺地说："我特别想帮助你。你的米老鼠也可用来推销我需要的电影声。这比大公司给你的钱还要多，我可以帮你做到。我可以负担卖到每一个州的放映卡通片的权利的一切费用，包括推销员的开销。给我十分之一的毛利就行了，喏！这是摄制卡通片的钱。我先借给你。"

一个月过去了，却一直没有支票汇过来，满怀希望的沃尔特派人去了一趟纽约，还是没有拿到，这时的沃尔特才恍然大悟：包维斯是个大骗子。

曾为墨西哥革命英雄维拉做顾问的更塞·雷辛被沃尔特被请去当法律顾问。1930 年 1 月，沃尔特请他去纽约找包维斯谈判，包维斯说，他并不重视米老鼠，米老鼠的成功不过是无意的，他只负责推销电影声，他希望续约在一年后顺利进行。沃尔特提出不付清旧帐，免谈续约。包维斯说他能判对方续约，随后，他拿出一封内容是乌比和包维斯签约，并由他每星期给乌比 300 元摄制新卡通片集的电报给沃尔特看。

与他一起辛苦创业的乌比也会背叛他！这怎么可能！沃尔特一下子像被推下深渊，呆呆的愣在那里。

伺机而动，平稳过渡

原文：需于郊，利用恒，无咎。

释义：在郊外等待，宜于守常，保持恒心，可以没有灾害。

释例： 古人求师，徒弟找师父千辛万苦，而师父找徒弟也是万苦千辛。达摩祖师面壁九年，就是等待理想的传人。南岳怀让禅师感到传灯的时候到了，就到处查访，查访到马祖道一禅师。

理想的状态总是在"众里寻他千百度"中。确实很多人心目中的理想总是姗姗来迟。所以，一定要耐心地等待。

英特尔公司的首席执行官现身说法，他说："我1987年做首席执行官时，我就对《纽约时报》的记者说，我只做5年的首席执行官。但当时没有人相信我，而事实上别人不相信我是对的。再过一些日子，英特尔公司已有30年历史了，在这30年历史中英特尔一共有三任首席执行官，而我的任期比他们的平均任期都要长。20世纪90年代我花很多时间在寻找培养接替我的人，贝瑞特博士在六七年以前接触了公司的管理工作，一年以前他已是总裁。英特尔雄心勃勃，有很大的扩张性，如果我要等英特尔公司成为一个特别的、不同一般的大明星的地步，那么我可能要等到120岁。"

"我做英特尔的首席行政官已有11年，相当于公司

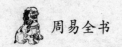

历史的三分之一多，其中很多时间用在为贝瑞特接替我做首席行政官的准备上。我认为任何管理者的部分关键工作是为继任者铺路，我相信为继任者铺路的最好方式是平稳过渡，既当铺路者，又能对其继任者起推动作用。"

坚守正道，以不变应万变

原文：不克讼，复即命，渝，安贞吉。

释义：争讼失败，返回后也就认从了正理，改变了初衷，安心于守正，获得吉祥。说明坚守正道，安分守己就没有什么损失了。

释例：以前讲到的不"食旧德"，是指旧的体制，旧的管理模式和理念。而本爻中的"复即命"，则是另一层意思，是说人马换了，体制改革了，管理模式和理念有创新了，但是，有一种东西不能改变它，这即指传统的道德，纯正的处世之道。因为每一个民族都有自己民族的文化传统，每一个国家都有自己的传统特色，传统是民族的根，特色是国家的魂，一个始终将自己和自己的事业或所领导的事业，完全置于大时代的宽带之上，置于国家和民族根本利益之中的领导人，一定要始终保持不忘本，不变色。只有这样，才能在时代的大竞争、人才大较量中，以不变应万变，立于不败之地。

松下幸之助是一个自主的、坦诚的、直率的人，因此他也希望自己的员工同样有自主性，同样坦诚、直率，从而在公司形成一种自由豁达的风气。在松下的倡导下，松下公司形成了自主自由的传统。

松下公司的传统是包括多方面的，首先是不惟命是从。当然，这是相对的，因为松下公司对自己员工必须遵守公司经营理念的要求，近乎苛刻。在这一点上，松下先生是丝毫也不让步。但在此基础上，每一个员工都可以自由发挥自己的判断力、作出反应，而不是采取消极的、但求无过的态度。松下说："员工不应该因为上级命令了，或希望大家如何做，就盲目附和，惟命是从。"松下认为，下属或员工如果是这样做了，就会使公司的经营失去弹性。

尽管松下要求部属如实坦白地报告外界对公司的不满，尽管这些事情听起来是让经营者伤心的，但松下还是如此要求。据说，有一个员工被批发商狠狠骂了一顿，说松下的电器质量不过关："不如去开烤白薯店，别再制电器了。"员工如实地向松下报告了。随后，松下就亲自拜访了这位批发商，表示歉意。批发商因为一时的怒气而发了一通牢骚，不想引得社长亲自拜访，非常不好意思。自此以后，松下公司与这家批发商的关系密切多了。

松下不限制员工越级提意见或提建议。他认为那种逐级申诉的成规是不必遵行的，即使普通员工，也可以向他直接反映问题，表明主张。由此，他提醒那些居于领导地位的管理者，要有这种心理准备，应有欢迎的姿态和支持的行动。

无论何种自由举措，全都是为了公司的发展，说到底也是为了员工和社会的福祉。松下认为，公司既然是大家的经营体，就应该由大家来维护，只有毫不保留地建议，才能获得人和，充分的、来自不同的方面的提案，这正是事业发展的途径。

是不是惟有自己最可靠

原文：师或舆尸，凶。

释义：不时有士兵从战场上运送战死者的尸体回来，太不吉利了。

释例："军纪"制订好了，"在师中"的人选也确定了，但仍然不是高枕无忧的时候。此时，成功和失败的比例或许一比一。尽管规章制度很严密，负责贯彻、落实的人选也完全能够胜任，各方面准备工作也做得非常好。但竞争是激烈和残酷的，市场是变化莫测的，加上各种其它不确定因素，所以，失败也是常常发生的事。

普尔曼在与伍德拉夫合开一家公司之前，是被美国钢铁大王卡内基拉拢过来的，一次他气喘嘘嘘地跑来向卡内基报告不知他从哪里打听到的情报："联合太平洋铁路快破产了，就是艾姆兹的那家。"

这个突如其来的消息，令卡内基半信半疑："怎么可能？这是真的吗？"普尔曼非常自信的说："他现在需

60万元急用，去华尔街不太方便，只有等待卡内基先生您去伸手援助他。"

普尔曼的话让卡内基为之一震，他犹豫片刻，决定冒一次险。他开始特别讨厌这种投机性的投资，此后，他认为投机属于"寄生虫行为"。

卡内基把普尔曼带来的情报，首先报告给了宾夕法尼亚铁路的汤姆逊，而汤姆逊又告诉了斯考特。最后联合太平洋铁路300万元股份加上60万元的贷款，以担保的方式给它，由卡内基、汤姆逊、斯考特三人负责。

"这样一来，联合太平洋铁路终将落在我们的手里！"汤姆逊紧握拳头兴高采烈地说。

这个内部秘密，后来不知是谁泄露到华尔街，一时舆论大哗。

"可能要出事！斯考特的言行不可信！"卡内基等人担保的股票开始被他们调查。斯考特乘联合太平洋铁路的股票在华尔街突然暴涨的当天晚上，卖掉了他手中所持的股票。

汤姆逊知道斯考特卖掉了股份以后，强烈抨击他违反约定，并涉嫌侵占，严重渎职。为此，撤销了他在联

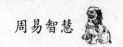

合太平洋铁路的职位，已经赚了一大笔的斯考特反而并不着急，既然有钱还在乎什么职位呢？

从这件事中，卡内基发现，世上惟有自己最可靠。这是教训！

摧枯拉朽，扭转败势

原文：师左次，无咎。

释义：军队暂时撤退，避免损失。

释例：失败并不可怕，只要及时予以纠正，找出失败的主要原因，然后重新建立新的体系，仍然是可以挽救败局的，乃至变败为胜局的。

1945年，亨利·福特的长孙接管了福特汽车公司的全部行政经营权。

而此时面对他的是每月亏损900万美元的垂死挣扎的"福特"。令人难以相信的是如此之大的公司竟然没有一个像样的账薄。甚至连死去很久的员工还列在工资分配单上。更谈不上什么预算和决算。这位新上任的"福特二世"敏锐地感觉到，公司存在着严重的资产流失问题。而在用人制度上所表现的任人唯亲，是造成人才使用不合理的关键。在近500名高级职员中，竟找不到一个受过高等教育的人。因此，要挽救福特汽车公司，就要进行一次彻底的改革。而要完成这一改革，关键是要找一个具有全面管理经验的人。"福特二世"以诚意感动了原任通用汽车公司的副总经理欧内斯特·布里奇。他又任用了包括后来担任美国国防部长的罗伯特·麦克纳马拉，以及世界银行行长的查尔斯·桑顿等10个人。

1946年中期，福特二世就开始了大刀阔斧的进行用人制度改革，当年就使公司转亏为盈。以后利润逐年上升。到了1950年，利润就已高达2.5815亿美元。

零距离直面缺陷

原文：田有禽，利执言，无咎。长子帅师，弟子舆尸，贞凶。

释义：田围中有兽，宜于捕捉，不会有危险。刚毅、中正的长者可以统率军队，而无德无才的小人只能载尸败归。守持中正可以防止凶险。

释例： 本爻的象辞说：“弟子舆尸”（弟子抬尸而回），“使不当也。”是用人不当的缘故啊！虽然是“长子”亲自帅师出征，虽然作战中有所擒获，但仍然造成己方的重大伤亡，而这种过错不是别的，正是用人不当造成的。

前文讲到人选问题，似乎没有可追究的地方。即使这位“在师中”的关键人物是合适的，但如果这位关键人物用错了人，仍然会造成不可弥补的损失。这里的“长子”是指那位“在师中”执掌大印的权威人物，因为长子在兄弟排行中是具有权威的。

从经文涵义中不难推断出，这种后果，是由于原有的规章制度对“长子”的权利范围规定不明确，或者不合理。可见要追究原因还得从头检讨“军纪”条文的科学性和实践性。

某柴油机分厂连续发生多起推杆装配质量问题，出现了一些质量事故。针对这些事故的发生，分厂领导敢于正视存在的质量问题，勇于承担责任，对缺陷不妥协。从分厂厂长开始到负有责任的各级人员都进行了相

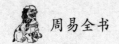

应的处罚，张榜公布以警示全厂职工引以为戒，并以此作为反面教材，进一步开展零缺陷、零距离管理活动，为工厂的零缺陷管理提供了一个宝贵的案例。

面对发生的质量事故，柴油机分厂领导层对缺陷不妥协，严格按照处理质量问题三不放过的原则，成立以分厂厂长为首的质量事故处理小组，开展了详细的现场调查、研讨和实物分析，进而找出了事故的原因，并采取了相应的对策。

首先，对全体员工进行了质量管理意识教育，使员工真正树立起零缺陷的管理理念。并以巨大的魄力采取措施，对现有的400余个滚轮衬套全部做报废处理，用事实来教育员工，让员工从这件事上真正地体会到第一次就把事情做对是最省钱的。以这一次的损失换取以后的不再损失！

重新按照图纸要求生产与其相符合的滚轮衬套：对难以统一掌握的打磨、除毛刺、倒钝的技术规定，采取预防措施，采取用技艺评定的方法，制作工件打磨和检查的样件，以此来增强实物评定和检查依据；而且为了对整个过程进行有效的控制，还采取了需要进行质量评定后方可进行生产等一系列措施，设立专检岗位，实行专检、全检和质量卡死制度，加强生产过程中的实物质量控制，实行"三定"制度，即定人、定设备、定工艺，若有变动，则需要进行相应的质量评定。

独当一面论功行赏

原文：大君有命，开国承家，小人勿用。

释义：凯旋而归，天子颁布了诏命，分封功臣，或封为诸侯，或封为上卿，或封为大夫，但小人决不可以重用。

释例：至此，又可告一段落，对阶段工作也该认真总结了，对每位高、中、基层主管人员也该论功行赏，论过以惩了。对那种给企业添乱的人要坚决解除他的职务，收回原任的权力。

这里强调的主要是"开国承家"，论功行赏。奖惩、晋升制度一直是企业人才管理中刺激"条件反射"的强化手段，是我们处世的方略。

法国麦当劳公司实行一种快速晋升的制度：一个刚

参加工作最为出色的年轻人，可以在 18 个月内当上餐馆经理，可以在 24 个月内当上监督管理员。

而且，晋升对每个人是公平合理的，既不作特殊规定，也不设典型的职业模式。每个人主宰自己的命运，那些适应快、能力强的人能迅速掌握各个阶段的技术，从而更快地得到晋升。这个制度可以避免有人滥竽充数。每个级别的经常性培训，只有有关人员获得一定数量的必要知识，才能顺利通过阶段考试。公平的竞争和优越的机会吸引着大量有文凭的年轻人到此，实现自己的理想。

首先，一个有文凭的年轻人要当 4 ~ 6 个月的实习助理。在此期间，他们以一个普通班组成员的身份投入到公司各个基层工作岗位，如炸土豆条、收款、烤牛排等。在这些一线工作岗位上，实习助理应当学会保持清洁和最佳服务的方法。并依靠他们最直接的实践来积累实现良好管理的经验，为日后的管理实践作准备。

第二个工作岗位则更带有实际负责的性质：二级助理。这时，他们在每天规定的一段时间内负责餐馆工作，与实习助理不同的是，他们要承担一部分管理工作，如订货、计划、排班、统计……他们要在一个小范围内展示他们的管理才能，并在日常实践中摸索经验，协调好他们的小天地。

在进入麦当劳 8 - 14 个月后，有文凭的年轻人将成为一级助理，即经理的左膀右臂。与此同时，他们肩负了更多更重的责任，每个人都要在餐馆中独当一面。他们的管理才能日趋完善。

这样，离他们的梦想——晋升为经理，已经不远了。有些人在首次炸土豆条之后不到 18 个月就将达到最佳阶段。

合作诚信，团队出击

原文：有孚比之，无咎。有孚盈缶，终来有它，吉。

释义：诚实守信，真诚团结，辅佑君王，没有灾祸。诚信装满"酒坛"，远方的人也会前来归附，吉祥。孚，即孵。因为禽类孵化期都有一个确定的期限，时间到了必定会孵化出小鸟、小鸡的。所以，孚比喻诚信。

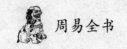

释例： 只有上司崇尚诚信，持守诚信，下属才有坚定、明确的信念。惠普公司的"公司＝人才＋汽车库"这条公式就是源于公司诚信的理念。

这条公式的内涵相当丰富。首先，休莱特尊重每一个员工，认为每一个员工都是惠普的"人才"。休莱特所坚持的信念是："不论男女，大家都想找一个富有创造力的好工作，拥有优美的工作环境，这样就会把工作做得更好。"

"惠普公司的传统是处处为员工着想，尊重员工，肯定员工的个人成就"。因为休莱特重视每一个员工，所以惠普公司对每一个员工实行"一经聘用，决不轻易辞退"的办法，这在美国是绝对没有的。

"汽车库"式的方针，反映在惠普公司策略上。他们每年用于新产品开发的费用，相当于销售收入的的8—10%。

"汽车库"式的方针，也反映在惠普公司新产品开发时上下团结一心的人际关系上。除了有少量的会议室之外，公司的任何领导人都没有单独的办公室。各部门的全体职员，都在一个大办公室里办公，小单位之间也仅用屏风来隔开。休莱特觉得这样有利于创造上下级之间团结合作的气氛。除此之外，在公司内部，对包括董事长、总经理、部门经理在内的各级领导人，均直呼其名，而不称呼其职务。

行为中和，凝聚合力

原文： 比之自内，贞吉。

释义： 在内部亲密团结，努力辅佐君主，结果是吉祥的。

释例： 和睦是中国传统"和"文化中的一方面内容。全国政协主席李瑞环在伦敦英中贸易协会上作了题为"和睦相处，和谐共处"的精彩演讲。他说我们：

表现在人与自然的关系上，强调"天人和谐"；

表现在人与人的关系上，要求"和睦相处"；

表现在人与社会的关系上，崇尚"和群济众"；

表现在各个国家的关系上，倡导"协和万邦"；

表现在各种文明的关系上，主张"善解融和"；

表现在商场贸易的关系上，信奉"和气生财"。

20世纪30年代英国著名哲学家罗素在他的《中国

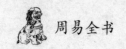

问题》一书中说："中国至高无上的伦理品质中的一些东西，现代世界极为需要。这些品质中我认为和气是第一位的。这种品质若能被全世界采纳，地球上肯定会比现在有更多的欢乐和祥和。"

这里所讲的和睦是专指内部的和气（"比之自内"）"意思是说，一个企业，一个单位想提高知名度，增强凝聚力、向心力，必须从内部的和睦做起。

1977年，一位《福布斯》杂志记者与一位创办了一家在美国非常成功的零售连锁企业并同时掌管着该企业的CEO一起，亲身经历了一天的工作生活。这位记者在随后撰写的文章中描述道：在排得满满的访问时间表里，这位企业家不停地走访下属各店铺，并与数百名员工进行了交谈。他倾听他们的困难、赞扬他们取得的成绩，并且向他们提出自己的建议。

这位CEO营造了公司内部的凝聚力，而这种凝聚力将会演变成一个企业的传奇。记者写道：这位公司领导对待手下员工就像对待花园中的花草树木，他用精神上的鼓励、职务晋升和优厚的待遇来浇灌他们，适时移植以保证最佳的搭配，必要时还细心除去园内的杂草以利于他们的成长？这篇文章的主角当然就是：山姆·沃尔顿——沃马特百货商店的主席和CEO。

沃尔顿的眼光无疑是超前的。在他那个年代，雇员往往被看作是需要尽量削减的"成本中心"，而沃尔顿却把他们看成是一种需要培养及管理的资本。今天看来，这似乎已不再是一种革命性的眼光。为了在当今市场上争得一席之地，高级经理已经知道他们必须吸引并留住最好的人才。但是他们的做法却凸现了一个在很多公司中都突出存在的局限性：这些公司的管理系统仅仅专注于如何有效地利用这些资本，而不是员工。在实际工作中，公司的评估机制很少把人力资本考虑在内。

知人善用，赢得信任

原文：比之匪人。

释义：亲密辅佐，但要防止行为不正当的人。

释例：但"和"，决不是无原则的调和、和稀泥，"和"是讲原则，辩事非，论利害的。如果与那种心术不正，溜须拍马，搞歪门邪道的人队讲和睦，就是同流

合污，狼狈为奸，沆瀣一气，最终必然受其伤害。

对于那些确有较强能力却也喜好溜须拍马的人，你一定要小心对待，因为这些人可是重量型"炸弹"，弄不好会造成极大麻烦的。

对待这种人，首先你要依据他的实际能力而委以相应的职务。起码在他们的眼中，你不是不识才的领导者。这影响着他们的工作的热情，而且也带动着一批人。

也许有些较有能力的人，他们看不到这类人的阿谀奉承，而只看到了他们的才华，并同时盯着你的行动。如果你不能委以有奉承喜好的这类人以相应职务，其它那些持观望态度的有能力者就会离你而去。尽管这些人看问题不够全面，但他们确实走了，无可挽回。

同时，就你本身而言，也应该摆脱一些社会偏见，给予这些人以一定地位。

说这种人是枚"重量型炸弹"，另一个原因在于，如果你对他处理不好，会大大影响本单位其它员工的工作态度与工作热情，形成一定规模后会拖垮你的部门。

例如，当这类员工干出一定业绩的时候，你从本心来说也想对们施以鼓励。可不巧，这会儿正是他们溜须拍马最勤的时候。你本来是真心为了他们的工作业绩而鼓励他们，可在有些员工看来，可能就认为你是由于喜欢他们的溜须拍马。

这虽然纯属偶然，但造成不良后果责任还在于你自己，因为你考虑问题不周全。

可以想象，如果这类事情发生，不要太多，仅一两次就能把你在员工面前信誓旦旦所言"不喜拍马"的言语冲得无影无踪。以后，正直的人们不再相信你的话了，他们会把你的话当成耳旁风，使你失去了下属的信任。同时，那些独善阿谀奉承的人便会蜂拥而至，不把你搅个底朝天才怪。

由上可见，只有最大程度地赢得下属的信任，才最终得以把工作做好。

突破制衡，缔造成功

原文：牵复，吉。

释义：受到牵连返回原来的位置，吉祥。

释例：同样一付担子，三个人抬着，必然互相牵扯，重心难以维持平衡，反而效果不好。如果改成两人抬，前后均衡使劲，步调一致，肯定会提高效率，合作成功。有这样一个实例，正好说明了这种"牵复"的道理。

三个能力高强的企业家合资创办了一家高新技术企业，并且分别担任董事长、总经理和常务副总经理的职位。一般人认为这家公司的业务一定会欣欣向荣，但结果却令人大失所望，这家企业非但没有赢利，反而是连年亏损，原因是不能协调，三个人都善决断，谁都想说了算，又都说了不算，最后啥事也没干成，管理层内耗导致企业严重亏损。这家公司隶属于某企业集团，总部发现这一情况后，马上召开紧急会议，研究对策，最后决定敦请这家公司的总经理退股，改到别家公司投资，同时也取消了他总经理的职位。有人猜测这家亏损的公司再经这一番撤资打击之后，一定会垮掉，没想到在留下的董事长和常务副总经理的齐心努力下，竟然发挥了公司最大的生产力，在短期内使生产和销售总额达到原来的两倍，不但把几年来的亏损弥补过来，并且连连创造出相当高的利润。而那位改投资别家企业的总经理，自担任董事长后，充分发挥自己的实力，表现出卓越的经营才能，也缔造了不俗的业绩。

合作法则是生存的法则

原文：舆说辐，夫妻反目。

释义：行在半路上，忽然大车的辐条从车轮中脱出来，车不能再行了，回到家里，夫妻因此大吵大闹着要离婚。

释例：如果把社会交际活动比作车体，把处世技能比作车轮，这就要求活动与技能保持一致，如果脱节，势必造成人际交往中的误解和分歧。

人们已逐渐了解，最能有效运用合作法则的人，生存得最久，而且这项原则适用于从最低等的动物一直到

最高级的人类。

卡耐基先生、洛克菲勒先生、福特先生，已经教导生意人了解合作努力的价值。那也就是说，他们已经教导那些愿意去观察的人，让他们了解他们借以积聚大笔财富的那项原则。

合作是具有成功领导才能的正确基础。亨利·福特最实质的资产就是他所建立的良好组织的工作效率。这个组织不仅为他提供了他所能生产的汽车的全部销路与市场，更重要的是，为他提供充分的经济实力，使他能够应付可能发生的任何紧急情况。

由于福特本人了解合作原则的价值，所以使他不至于像别人那样依赖金融机构，同时也使他拥有更多的财政及商业力量。

"联邦储备银行制度"是合作的另一个例子，使美国得以免除货币恐慌。连锁商店是另一种形式的商业合作，同时为进货与销售提供了双重的优点。

现代化的百货公司，等于是把一群小商店集中在同一屋顶下统经营，电费、水费等经常开支只有一种，这是商业界中合作一优点的又一证明。

抡起板斧，斫掉赘肉

原文：履虎尾，愬愬，终吉。

释义：跟在老虎尾巴后面走路，感到恐惧害怕，但谨慎小心，终于得到吉祥。

释例：老虎虽是珍贵保护动物，但它的缺点是容易伤人的。如果把社交人际场合比作老虎的话，只要你处世谨慎，按规章办事，一视同仁，其实也不会有什么危险的。俗话说："事在人为。"

走马上任的史密斯向大家发誓，一定要彻底摒弃老掉牙的阻碍生产、阻碍公司发展的管理制度，二定要以一个全新的管理机构来取代官僚化的管理机构。史密斯心里自然清楚他要冒多么大的风险，顶多么大的压力。但他认为，这样的冒险是值得的。他上任之后，抡起了板斧，三下就斫掉了公司过去的赘肉。

第一斧头：严肃地整顿管理机构，彻底地改革经营体制。他首先从管理体制着手，对总公司的人员进行精简，把权力下放，扩大各业务部门的自主权。史密斯坚

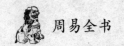

决支持业务部门行使权力，改变官僚作风和工作方法，后来证实，此举大大提高了工作效率。为了加强企业自身的活力，还和韩国的"大宇"、"现代"两家汽车厂开展业务合作，拓展更宽泛的海外市场。

第二斧头：深入市场做细致的调查研究。根据市场的需求，改变了轻视轻型轿车生产陈旧的观念，把生产重点从高档的耗油量大的汽车，转向"迷你型"的轻型汽车。为了彻底扭转被动局面，史密斯加强了市场信息调研工作。

第三斧头：降低生产成本，提高工作效率。史密斯把总公司直接管理的"雪佛兰"、"别克"、"奥兹莫比尔"、"凯迪莱克"、"庞蒂亚克"等汽车生产部门和加拿大汽车分公司合并成两个集团，集团内又划分出专项生产部门，把经营权直接下放到生产经营部门，杜绝了拉皮条的管理现象，降低了成本，提高了生产效率，盘活了企业。

史密斯的三个紧急措失实施之后，通用汽车公司的市场竞争能力得到了大大增强，迅速起死回生，扭亏为盈。1983 年"通用"纯获利润 37 亿美元，1984 年净利

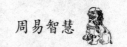

润上升到 45 亿美元，创造了世界汽车厂家年利润的新纪录。因此，史密斯被美国人誉为"最伟大的生意人"。

刚毅果断，至刚至柔

原文： 视履考祥，其旋元吉。

释义： 回顾走过的历程，考察善恶祸福，返转回来顺应阴柔，是极其吉祥的。

释例： 当然刚毅果断只是处世的方法之一，回顾一下自己的与人们交往的经历，不难发现，以柔克刚的应用频率往往高于以刚克柔，其效果也是前者高于后者，柔的高于刚的。

很多身居高位的人物，能记住只见过一两次面的下属的名字，在电梯上或门口遇见时，一面点头微笑，一面叫出下属的名字，一定会令下属受宠若惊。

上司要赢得下属的心悦诚服，一定要恩威并施。所谓恩，不外乎亲切的话语及优厚的待遇，话语尤其是重要。要记得下属的姓名，每天早上打招呼时，如果亲切地呼唤出下属的名字再加上一个微笑，这名下属当天的

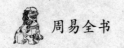

工作效率一定会大大提高，他会想到：上司是记得我的，我得好好干！对待下属，还要关心他们的生活，排解他们的忧虑，他们的起居饮食都要考虑周全。

所谓威，就是命令与批评。命令一定要令行禁止。不能始终客客气气，为维护自己平和谦虚的形象，而不直接批评属下的错处，必须拿出做上司的威严来，让下属知道你的判断是正确的，必须不折不扣地执行。

上司对下属布置工作、交代任务后，一方面要敢于放手让下属去做，不要自己独揽一切；另一方面在交代任务时，要明确要求，什么时间完成，达到什么标准。任务布置好之后，上司还必须检查下属任务完成的情况。以柔克刚，才能驾驭好下属，发挥他们的才能。

情感投资增强亲和力

原文：包荒，用冯河，不遐遗，朋亡，得尚于中行。

释义：有包容大川似的宽广胸怀，可以徒步涉过大河急流；礼贤下士，对远方的贤德之人也不遗弃；不结成小团体，不结党营私，能够辅佐公正有道德的君主。

释例： 内心刚毅果断，外表却柔和宽大，这并非阴险，也并非表里不一，这只是一种性格，不管这种性格是先天遗传的，还是后天修养的，对于一位乐于交际的人来说，都是有益于与人相处的。内心刚毅果断，不致于糊涂，不致于无原则和稀泥；外表柔和宽大，必然能与朋友建立感情，能与员工打成一片。

领导者与下级相处，要做到充分发挥部属的作用，合理安排人才，做到人尽其才，才尽其用。领导者必须具有容人之量，注意保持和下级的感情联络，这样才能把下级吸引、凝聚到自己周围，减少误会，增加信任，同心同德，把工作做的更好。

培植感情的办法很多。平时，简便而有效的方法是：经常和下级在无拘无束的气氛中聊聊天，显得亲切随便。

日本天野公司总经理，对新职工了如指掌，他不看材料，就能叫出每个新职工的姓名，说出毕业学校、家庭状况、考试成绩及个人爱好。因此，他和新职工谈话

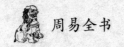
就显得很轻松自然。

在西方，许多经理把"情感投资"作为管理的一个重要内容，不惜投入大量的精力、财力。

美国惠普公司特别注意鼓励领导人员深入下层，采用"敞开式"办公室，全体人员都在一间敞厅中办公，各部门间只有矮屏分隔，无论哪级领导都不设单独办公室；并且不称职务，即使董事长也直呼其名，均无例外。惠普公司认为，这样做有利于上下左右通气，创造无拘无束和亲密合作的气氛。

别外，还可参加下级组织的文艺欣赏、体育比赛等各种业余活动，在这些热烈而又丰富多彩的活动中，增加人们之间的了解和亲近感。下级结婚时前往祝贺；职工过生日赠送生日蛋糕；对年满20岁进入成年的职工赠送纪念品，以资鼓励他们做一个成人而不断进步；下级生病或生活困难及时家访，帮助解除后顾之忧等等，都是联络感情所不可缺少的。

人际关系是复杂多变的，我们不可只注意联络一些人而疏远另一些人，那样会被人认为是培植私人势力，产生离心力。在社交场合我们一定要胸怀宽广，多为他人着想，消除纠纷，才能增强亲和力。

热情实现你已久的夙愿

原文：帝乙归妹，以祉元吉。

释义：商代帝王乙嫁出自己的女儿，因此得到了福分，是十分吉祥的事。

释例：经中说，天子将妹妹下嫁给臣子，其实是一种形象的比喻，比喻在社交的场合我们抛开权利和等级的观念，同所有的人接触和交往。这不仅是对别人的一种荣幸，也是对自己的一种激励。

激励应该热情而经常。你不能在你需要做某件事情时，才偶尔提一下。那么会成为一种阴谋，不真实而且没有人会相信你。

优秀的社交人士总是会经常激励他们的朋友，因为朋友的表现令我们真心欢喜。

职场也是如此啊。"照这种进度来看，可以比订单预定的时间早两个星期发货。"他会以激动的口气告诉员工。他也会打电话给提出建议的员工："你有这么好

的看法令我很高兴……"

卡纳佛几年来一直都在争取一笔生意，希望能把煤卖给城中一家大的联营商店，但这家商店根本不买卡纳佛的煤，反而向城外的商人购买，而且常常都有意从卡纳佛的门前运货，卡纳佛非常恼恨这家联营商店了。他一直纳闷，为什么这家联营店不肯买他的煤呢？

这时，有人向他提供了一个策略：举办一场演讲赛，题目是"联营商店是否造福市民"。

卡纳佛接受建议，有意代表支持联营商店的一方，于是他去拜访联营店的经理，说道："我不是来推销我的煤，而是想请你帮个忙，我参加一个演讲赛，代表支持联营商店的一方，所以我要请你提供给我有关联营商店的资料来赢得这场比赛，除了你，可能没有别人能帮我这个忙。"

卡纳佛事后说："我请他抽一点时间会见我，他答应了。在我说明目的后，他让我坐下，并花了将近两个小时的时间告诉我有关的问题，他高高兴兴地说明联营商店在价值上以及它所发挥的功能，我必须承认，他扩展了我的观察面，改变了我对他的看法。当我要离开的时候，他送我到门口，搭着我的肩说道：'希望你的辩论会一举成功，春天时请再来一趟我的办公室，我想和你谈有关煤的事情。'对我来说，这真是一个奇迹，我并没有要求他买我的煤，他竟主动提出来，这个经验告诉我：如果想要别人对我们好，首先应该付出热情的自我，这个道理的领悟比获得一笔生意还要令人愉快。"

所以如果你希望别人喜欢你，你就要主动地付出热情，去关心别人。

Sunny 的蛰伏意识

原文：伏戎于莽，升其高陵，三岁不兴。

释义：把军队埋伏在密林草莽之中，占据附近的制高点频频瞭望，三年都不敢出兵打仗。

释例：如果一个人，一方面隐秘地探访下属，躲躲闪闪，神神秘秘；一方面又居高临下，虚张声势，这种做法本身乖戾悖理，折腾三年也做不好一件像样的事，只会引起别人的猜忌和不信任，甚至离心离德。因此我们务必要时时检讨自己，防止此类事态的发生。

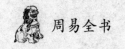

有这么一个故事——

sunny 手底下有 100 多个作家、编辑和画家。这些人都非常聪明、有创造性并且富有经验，但是，他们也经常稍有不满就大发脾气。要想管理好这些人，管理人员首先必须要有耐性，还要有一定的伎俩和战术——而后者则不是这位主管所擅长的方面。由于他刚刚被调入该公司领导阶层不久，所以，一开始，他还不便于对公司事务说些什么。

几个月以后，sunny 发现有一个编辑，经常在一个重要的编辑方案上磨磨蹭蹭。于是，sunny 提出要求在近期内看到一些这个人所编辑的文字。但是，出人意料的是，这位编辑耸了耸肩，说了一个不能称之为借口的借口。

由于首次出击就遭受了挫折，sunny 决定要压一压这个编辑的锐气，便以势压人地说："你必须按照我所说的去做，因为你是在为我工作！"

没有想到，这位编辑回答说："你想的倒美。我根本就不是在为你工作，我是在为公司工作。你只不过是凑巧被公司安排过来，成了我的上司而已。"

也许，这位编辑只是在咬文嚼字而已。但是事后，sunny 对编辑的话再三品味，终于发现了问题。

如果说，一个管理者的权威，是以员工忠诚地为他工作为基础的，那么，反过来，如果员工不是在忠诚为他工作的话，这就说明，他在那个员工的心目中没有权威，因此，也就谈不上对这个员工使用权威。作为一个管理人员，你不可能让所有的人都拥护你，总会有人恨你，有人怀疑你，不管他们到底出于什么原因。有时，即使有些人一开始对你忠心耿耿，他们也可能会收回他们对你的忠心和支持。就这些人来说，如果他们不对你表示支持的话，那么他们就会对你表示反对。sunny 是一个十分聪明的管理者，他最终设法使自己从这种对抗中走了出来。

自裁罚，正人先正己

原文： 乘其墉，弗克攻，吉。

释义： 准备登城向敌人进攻，但终于没有进攻，是吉祥的。

释例： 先是号啕大哭，而后又破涕为笑，这是一种情境的变化，还是种心态的移位？当然，这里的"哭"和"笑"，只是一种形象的比喻，现实生活中，有许多事确实令人啼笑皆非，无可奈何，但细想起来又不无道理，乃至发人深省。

松下幸之助刚刚公布一项处罚条例，而第一个违犯这个条例的便是自己，这难道不是件尴尬的事吗？

1946 年元旦后的一天，松下幸之助上班迟到了。这是一桩说小也小、说大也大的事情，松下拟在新的一年里整肃风纪，以崭面貌迎接新工作，走好日本战后复兴的第一年。因此，他要求无论任何人，上班绝不能迟到，并决心以身作则。不巧得很，偏偏自己迟到了。

松下迟到有些客观原因。本来，他上班是由公司的汽车来接的，那天他早早起来，赶往阪急线梅田站等车，可是左等右等，车总是不来。看看时间差不多了，他只好乘上电车；刚上电车，见汽车来了，便又从电车上下来乘汽车。如此一来，到公司的时候—看表：迟到了 10 分钟！原来司机班的主管督促不力，司机又睡过了头。

按照规定，迟到是要批评、处罚的。分析此事，直接责任者是司机，间接责任者还有司机班的主管，他们俩人都应对此事负责，都应该接受批评。但是，松下又想，如此的情景，而且，为了公司的发展，这种事情是迁就不得的，否则新年新貌的计划就肯定要泡汤。此外，下属犯这样的错误，也和过去自己的督责不严有关，自己也应该负起责任来。最后松下决定连同自己在内三人一起受罚。

把握分寸，明辩事理

原文： 匪其彭，无咎。

释义： 虽然家财万贯，但不过分聚敛财物，就不会发生灾祸。

释例： 九四阳爻居阴位，犹如绵里藏针，不致于盛气凌人，所以不会有什么不妥。而这种景象往往具体表现在处世风格上。

在市场与产品不断变化的今天，一家公司一定要有很强的文化，这样你才能不被淘汰，并取得成功。这样即使你经历了不同社会环境的变化，你总能取得未来成

功的稳定因素。

良好的人际关系能吸引了很多优秀的人才。因此你也有机会与一群了不起的人进行共事，使人更好地发挥在商业运作及管理方面的长处。事业之所以很顺利是因为我能够充分发挥自己的潜力和经验。还因为你有很棒的工作伙伴、雇员及公司文化。"

"我们的机遇正处于历史上史无前例的时期，因此我们的挑战在于：当我们面临如此多的机遇时，要结识最杰出的人才，这些人才可使我们获得成功。"

诚信相交，用其所长

原文：厥孚交如，威如，吉。

释义：以诚实守信的准则对外交往，对上尊敬，对下怀柔，必然增加个人的威信，是吉祥的。

释例：在社会交往的各个场合我们都做到柔顺谦逊，中庸而不偏激；在上者，能以诚信待下，在下者也能以诚信回报上。这种上下以诚信相交，互相信任，足以激发士气。一般，具体表现在用人者的管理理念上，是尊重下属，重视每个人创造力的自由发挥，不要求全责备，只求和睦相处。

在社会交往中，我们结识的朋友都会对我们的事业有所帮助的，我们必须重视每个人的积极性，做到人尽其才，一专多能，每个人的各种特长都应得以运用发挥。

上司对待下属不要求全责备，而要用其所长。每个人都是有其长的，上司要为下属发挥这种特长创造条件。

有的上司不仅在薪金、工作满足感、前途推动等方面对下属照顾，还会给下属一个得体的美名。比如一名处理来往信件、传送文件的差役，美其名曰"写字楼助理"，会让他有种荣耀的感觉，工作更会卖力，更认真负责。

发现下属的特长，还必须给予他一定的自由空间，如果总是吩咐得十分具体，下属只能成为上司的傀儡，则难以显示出他自己处理事务的办法与能力。

有一件业务，上司只须交代某日之前与对方联系好即可，至于他如何调度工作，是通过电话先联络，还是自己亲自登门拜访，完全由下属自行安排。这样可以让

他在实际工作中运用脑筋，积累经验。有位公司老总对下属布置任务时常说："我只看结果，不看过程。过程是你才能发挥的空间，我相信你。"

天变道亦变

原文：自天佑之，吉无不利。

释义：上天保佑有德之人，赐福于己，吉祥，无往不利。

释例：上九通常是满而溢泄，盛极必衰。然而，满而不溢，才是居上位者应有的修养。只有这样才能顺乎天而应乎民，得到上下相助。

丰田英二在他所著的《决断——日本丰田决策者的经营秘史》一书的序言中，曾引述了佛学中的两段经典：

"你所做的事如果是好事，就要勇敢大胆的做到底，天地间所有的神都能助你一臂之力。只要你有丝毫的畏惧将一事无成。"

"只要是美好的事，你应该当仁不让的去做，你将会得到上苍的帮助和保佑。"

这种做事的态度和精神，现在已成为日本成功的商人共同拥有的精神。松下幸之助在访问中国时就这样说过："作为一个企业家，学问是重要的，但更重要的是敬业的精神。"

日本商人更懂得，把这种执着精神和灵活的战术相结合的重要性。正如松下幸之助所说的那样："正确经营观念、经营思想是在社会生活中产生的，是符合社会法则的一种观念的法则。可以说这种法则是自然法则。因此从这种自然法则中形成的经营观念，虽然其具有随社会生活变化而变化的灵活性，但万变不离其宗，本质上它是相对不变的。这种相对不变的经营观念，无论过去、现在以至将来，也无论是在日本或是在国外都是适用的。"

日本企业的市场战略，可以分为市场开拓战略和产品开发战略两大部分去理解，去认识。一是执着的精神，二是灵活的战略战术，并把二者紧密结合在一起，所以日本的企业才具有了我们所看到的如此惊人的竞争能力。

不断更新，总有新产品出现是日本企业经营灵活性的又一表现。"最新产品"是使用得最多的广告词。

日本是一个深受佛教影响的国度。日本商人正是受到佛教"天变道亦变"思想的影响，而使自己的产品不断更新换代，以利于市场竞争，以求企业的生存和发展。正如菲利浦·卡特勒所说的那样：日本文化给日本的企业提供了在市场营销竞争中发挥灵活性的很好的思想意识基础。

谦谦君子，授之大用

原文：谦谦君子，用涉大川，吉。

释义：谦虚而又谦虚的君子，可以涉过大河（意思是能够克服一切困难，排除一切障碍），最终必然安全吉祥。

释例：这里一个"用"字很关键，强调谦虚并非消极的、无原则的退让，而是积极地有所作为。

曾经担任过公司首席执行官的布朗就是这种类型的"谦谦君子"。

布朗在参加工作之前，在哈佛商学院获得经济学学士学位及斯坦福大学工商管理硕士学位，他没有任何技术背景，在刚加入昆腾公司时还不知道什么叫磁盘驱动器，是一位技术上的门外汉。但布朗是一位很会快速学习的人，这种特性使得他的升迁极为快速。在昆腾 15 年中，布朗曾任过市场部副总裁、产品销售部总监、执行副总裁。1993 年，昆腾进行部门调整，布朗又被任命为负责开发个人电脑存储产品的桌面产品部总裁。在其领导下，该部门的营业收入从 10 亿美元增到 30 多亿美元，成为该公司最大的一个部门，"我还为董事会制定了一份计划，为昆腾成功地推进一项很大的并购活动——DEC 数字设备存储业务部做出过贡献。"

1995 年，37 岁的布朗被提升为首席执行官；1998 年当他 40 岁时，又被提升为董事长。1995 年当布朗接任首席执行官权杖之时，他没有预料过他将会成为《幸福》500 大公司里的一个首席执行官。但第二年，即 1996 年，他就率昆腾挤进了 500 大公司，如今昆腾公司又被《财富》杂志选为增长最快的 100 家上市公司及 100 家最值得工作的公司之一。

固守中正，谦美扬名

原文：鸣谦，贞吉。

释义：谦虚的美名远扬四方，固守中正就可获得吉祥。

释例：如果一个人的谦虚美德在社会上或单位里产生了共鸣，得到了众人的认可，便足以证明他的谦虚不是矫饰于外的虚伪，而是发自内心的真诚和纯正。

一家中型印刷公司（有60名员工）的退休老板告诉我，他说："海瑞，那年他26岁，对印刷一窍不通。不过看他过去的记录，知道他是个好会计师。一年半前我退休，他被选做公司的董事长和总经理。

"回想起来，海瑞有个无人可比的特点，他不仅对工作干练，对上司保持有一种谦恭，而且对全公司人都保持一种谦逊的姿态。只要他帮得上忙，他都竭尽所能去做。

"海瑞跟我的头一年，我们公司损失了几员大将，海瑞跑来找我，建议我采用一种优厚的福利制度，结果真如他所说的，公司以有限的花费降低了员工的流动率。

"海瑞对公司的贡献相当大，他在研究了生产部门的花费后，建议我以三万元买部新机械，结果发挥了功效。有一次我们遇到滞销，他去找行销经理说：'我不懂行销，不过我愿帮忙。'结果他想出的办法替我们做成了好几笔大生意。

"每有新人进来，海瑞都热心地带他们熟悉环境，并使他们对公司的运作发生兴趣。

"海瑞并没有欺骗我的企图。他并不好管闲事，没有野心，不会暗箭伤人，也不会命令他人做事，他始终是那样谦虚待所有的人，并且乐于助人，把公司的成败视为他的成败，把公司看成他自己的公司。"

谦和之美，君子永持

原文：劳谦，君子有终，吉。

释义：勤劳而谦虚的君子，必能把美德保持到底，最终一定是吉祥的。

释例： 如果一个受到重用的人，能做到劳苦功高而又谦逊，有骄傲的资本而不骄狂，始终如一，那么，这种人肯定能得到一致的认可。

克罗尔最大的才能，主要在于他善于调动手下人的积极性，引导他们献计献策。他经常说："要推动工作，应该是调动人的求胜的愿望，而不是用恐惧或威胁的手段。"有一回，公司为福特汽车公司设计广告，但必须先拿出一条主题标语来。公司负责广告业务的人员花了一个多月，翻遍了手头的所有工具书，提出了100条标语，但没有一条入选。

底特律分公司也提出了100多条广告词，艺术指导人员运用他们的知识，也提出了他们的建议，但还是不中意。所有的人都知道下午3点就要在克罗尔的办公室开会讨论。会议之前，主管人员经过筛选，最后推荐了3条。

克罗尔觉得这3条标语没有一条是符合要求的。他没有埋怨和责怪职员，而是心平气和地对大家综合了这条标语该表达什么内容，他没有提出具体的措词，只是讲了标语应以什么样的形式出现。他讲完后，大家都赞成他的设想。接着，有人提出应该以什么方式开头，有人提出了整个句子，有人加以文字润色，最后只用了不到5分钟的时间就把标语写了出来。而且每个人都觉得是采纳了自己的意见，因而皆大欢喜。

在每次讨论会上，克罗尔都不在乎主意是谁提出来的。是资历不深的无名小辈也罢，是设计明星或经理也罢，谁最符合要求，最富有创意，他就欣然接受。有些心怀不满的工作人员抱怨克罗尔贪功，把别人的想法作为自己的提出来。但大多数人觉得克罗尔是他们这支球队中临门一脚的得分手。在最关键的时刻，还要靠克罗尔创造奇迹。克罗尔却把公司的兴旺发达归功于整个队伍。

个人——无论凡夫俗子，还是伟人的力量都是有限的。"众人拾柴火焰高"，这是一个非常浅显的道理，但真正用到社会交往上，却又不是什么人都能明白和做到的。一些人之所以取得成功，原因在于此。

虚怀若谷，坚持中正

原文：不富，以其邻利用侵伐，无不利。

释义：虽不富有，但却虚怀若谷，有利于和近邻一起征伐那些骄傲蛮横不可一世的人，不会有任何不吉利的结果。

释例：在与人相处时，能虚怀若谷，是能够有效的调动身边人群的主观能动性。

对于任何一个人来说，工作的时间在一天中总是占着主要的比例，所以对工作的满意程度也从此中来。经研究发现，对工作感觉满意的重要源泉就是拥有友好的共事者，但并不等于拍马者，这较之工资、机会、保障、挑战等等更为重要。

人们都希望他们的社会需求得到满足，而工作从逻辑上来说，正为他们满足这种需求提供了必要的场所。了解了这一点之后，一个好的上司会知道，员工应有与人相处的机会，有社交活动，并会从别人的陪伴中得到快乐。最低限度，上司也应该在休息时间里为员工创造一些上述的那些交往机会，而不应该把员工孤立起来，将他们置于分隔开来的格子间里，彼此之间一点交往也没有。

如果上司希望员工组成工作效率高的工作小组，就必须敏感地意识到员工们的不同之处。大多数上了岁数的人不喜欢周围都是年老之人，大部分女性在某些时候只想和别的男性呆在一个工作小组里。

参与管理意味着上司并不是擅自作出决定，而是与相关的个人或工作小组讨论该如何做，在听取了员工们的意见之后再作出决定。这样，主管或是考虑了员工们的意见，或是部分地采纳了员工们的意见，总之，让工人有了分担管理、参与管理的感觉。不这样做的话，上司也许会面对危险，因为如果他不征求员工们的意见，员工们会感到十分沮丧——他们其实想对别人有所帮助，感受一下他们自己是有用的。如果上司听取了员工的意见，但又不准备采纳的话，他应该花点时间向员工解释清楚他这样做的原因。许多研究都发现，是否对员工言明一切，很大程度上影响了他们的工作热情。如果你对员工说明了情况，那么，他们对工作结果产生的责

任感要比那些始终蒙在鼓里的人强得多。

得意不忘形，免遭凶险

原文：鸣豫，凶。

释义：自鸣得意，高兴过了头，结果乐极生悲，必遭凶险。

释例：公司宣布将你调到另一个部门，不过有一个小小的难题，你的一位下属请求追随左右，表示若得不到你的首肯，宁可另谋高就。你的答复自然是得考虑考虑。

这个决定十分简单，就是婉拒之。除非实在有此必要，即是说，你的新职确实要这位下属担任助手不可，否则另当别论。

拒绝的原因是：你不是老板，身为打工仔，凡事服从公司的安排，才是忠心和热诚的表现。这种印象于老板心目中，是十分重要的。要是你盲目地接受这个下属的提议，向老板提出要求，只会显出你热衷搞小圈子，自以为是。适当的做法是向下属表明心迹："谢谢你对我忠心,但我对新任务还未熟悉,未知是否有工作需要你的帮忙,所以暂时由公司安排一切。"同时,最好私下与下属保持良好关系。

某位同事表示很想跟你合作,做你的下属,希望你向老板提出,把他从甲部门调到你的部门来。这问题牵涉到你跟这位同事、你与甲部门主管甚至两位主管与老板的关系。

很明显,如果是因为他跟上司不和,不想再替他效力,那么,你万万不能"接收"他。一则,与上司不和,下属必然有部分责任;二则,你接受了他这要求,等于支持他的立场,间接就跟他的主管对立。试问为了一个与你无利害关系的人而无端树敌,值得吗?

可以婉转告诉对方:"我的部门暂时不须增加人手,但多谢你的好意。"

要是对方纯是因为兴趣问题,希望在你的部门发展,也请你小心观察。你接收了他,其它部门主管会误会你"抢人"呢?还是他本身也同意下属这行动?在你未弄清楚真正情况前,最好还是推拒对方。

身先士卒，热情投注

原文：介于石，不终日，贞吉。

释义：正直而不同流合污的品德坚如盘石，还不到一天时间，就明白了欢乐愉快的深刻道理，能守正必获吉祥。

释例：比尔·盖茨的过人之处就是能让公司员工长时间工作而没有丝毫怨言。"工作即是欢乐"，

这是微软公司的员工普遍认同的一种"价值观"。

在微软公司，比尔·盖茨本人就是一个工作狂，也正是由于他的这种精神才带动了员工工作的热情。

当然，比尔·盖茨的这种狂热，让人觉得他是想在微软公司的工作环境中培养一种工作狂的气氛来。

微软公司北京代表处的第一任总裁杜先生曾坦言说："在微软公司，工作压力十分大。特别是刚来公司

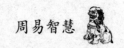

时，很少晚上在 9 点前回家。"

微软公司负责公关的经理曾经这样说过："比尔·盖茨不但是个工作狂，而且对工作要求相当严格，如果有下属认为某件事办不成功，他就会自己拿回去做，他不但能迅速地做好，而且能做到几乎无法挑剔的地步，因此让大家佩服得五体投地。在他手下工作，如果没真本事，是相当难的。"

《比尔·盖茨先生：微软公司的领袖如何给计算机业带来巨大变革并使自己成为全美最富有的人》一书中的作者这样写道："比尔·盖茨先生工作异常热情，每周经常工作 72 小时，甚至达到 90 小时；不工作的时候，他就像一个黑洞吸收光线那样大量吸收信息。"

"与比尔·盖茨先生一起工作的人都说，他是世界上最忙的企业主管之一。"

比尔·盖茨先生善于通过给公司员工施加各式各样的压力来激发员工最大的潜力。

执迷不悟招悔恨

原文: 盱豫，悔；迟，有悔。

释义: 谄媚奉承暗送秋波的手段取悦于上司，以求得自己的欢乐，这势必导致悔恨。如若执迷不悟，悔恨不及时，就会招致更大的悔恨。

释例: 有一类非常普遍的下属，就是谄媚型 (SY-COPHATS)，也就是香港人所说的"擦鞋仔"，内地人所说的"马屁精"。

谄媚者在各行各业中都可以找得到，这类下属有一项特征：永不反对或驳斥上司的指示。无论在什么场合下（私人聚会或公开会议上）谄媚型下属只晓得做一种动作，点头同意上司说的每一句话。

这种类型的下属内心有一份挥之不去的恐惧，那就是作出本身的决定。

也许这与他们长期点头同意上司的习惯有点关系，这令他们连提出自己意见的能力也逐渐被遗忘或根本丧失了。

在他们心底里，只相信一种真理：同意上司的人令上司对他有好感；而反驳上司的人只会造成不必要的麻烦。

谄媚型下属的想法是，许多上司虽然口口声声表示自己很民主开放，乐于听取各方面的批评或意见，其实最讨厌下属指出他们的不是，因为这无形中已损伤了他们的权威。实际上，绝大多数上司都喜欢下属赞成自己的提议或想法。既然事实如此，那又何必下那么多无谓功夫，索性从一开始就点头到底好了。

谄媚型下属不断找寻一位强有力的上司去保护他们，个人尊严早已丢在九霄云外。他们最大的目标，就是使本身的"靠山"高兴，其它一切都不管。

除非上司是一位典型的"昏君"，否则他绝不会培植谄媚型下属做自己的接班人。因为这类下属除了懂得"拍马屁"之外，根本就缺乏主见，一无可取。

主管利用他们来替自己办些私人琐事倒是相当理想的，在这方面，他们定能办得妥妥贴贴。

此外，由于他们全无主见，亦无真才实学，试问怎样可以登上高位，管理业务和人事？

这类下属之所以能够在公司内生存，乃是由于他们

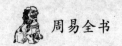

看透了人性的弱点（上司喜欢听奉承话），再加上他们奉迎有术，才能风光一时。对付这类下属，最适当的处置方法便是降他们级或调他们到另一部门工作，作为一种警诫。当然，只有精明的上司才会这样做。